Fleurir les terrasses *et balcons*

Édité par :

www. hachette-collections.com

Cet ouvrage est une édition partielle de l'encyclopédie
« Réussir son jardin, ses plantes d'intérieur, ses bouquets... »

Photos de couverture : MAP
Photos : Canal Photo, Christian Délu, Digital Vision, Digital Stock, Inside, Philippe Maille, MAP, Jean-Luc Petit, Photodisc, Stockbyte
Directeur de collection : Alain Roëls
Rédaction : Marie-Christine Bringer, Hamid Dali, Christiane Hilaire, Patrick Lallemant, Philippe Orsini, Alain Roëls, David Zuddas
Illustrations : Steen

Imprimé par Graficas Estella (Espagne)
Achevé d'imprimer : février 2006
Dépôt légal : mars 2006
ISBN : 2-84634-534-1

DU CÔTÉ DES LOISIRS

Fleurir les terrasses *et balcons*

HACHETTE
Collections

De l’aménagement de votre terrasse ou de votre balcon aux soins à apporter jour après jour à vos plantes, cet ouvrage apporte toutes les réponses aux questions que vous vous posez.

Des pas à pas détaillés, des schémas explicatifs et un texte richement illustré vous permettront de bichonner votre petit coin de nature.

Fleurir les terrasses et balcons est un ouvrage indispensable pour vivre entouré de plantes en toute saison.

Des thèmes et des saisons

UNE TERRASSE PLEIN NORD

Ce n'est pas l'idéal pour obtenir des fleurs qui aiment bien le soleil. Mais ne vous découragez pas et, même si vous devez faire le deuil de fleurs telles que les géraniums ou les pétunias, vous aurez la possibilité d'égayer votre balcon avec d'autres plantes.

(MAP/N. et P. Mioulane)

◄ ***Les fleurs jaunes du* Lysimachia nummularia *et celles rose carmin des impatiens éclairent ce coin de terrasse ombragé.***

L'aconit d'hiver, une bulbeuse qui est la première fleur de l'année, ne se soucie pas trop de l'ombre ni du froid et laisse éclater ses fleurs jaune vif dès la fin du mois de janvier. Vous pouvez la mettre sans difficulté en pots ou en jardinière vers le mois d'octobre. De la même façon, les ancolies hybrides supportent assez bien l'ombre et les températures descendant largement au-dessous de 0 °C. Il faut repiquer la plante quand elle est jeune en la mettant seule dans un grand pot.

LES DÉCORATIVES

L'aruncus (ou barbe-de-bouc), à condition de choisir une variété naine, comme 'Keniffii', donnera de l'allure à votre terrasse. Même si elle fleurit moins que les variétés géantes (qui atteignent 2 m de haut), ses plumets blancs sont de toute beauté de l'été jusqu'à l'automne.
Si les bégonias vivaces ne se plaisent qu'au soleil, les tubéreux en revanche aiment bien l'ombre. Les 'Pendula' sont les plus adaptés à ce type d'exposition. Il faut les repiquer vers

la mi-mai, quand il n'y a plus de risque de gelée, et pailler votre jardinière. Il sera nécessaire de les arroser régulièrement, à peu près une fois par semaine.

MOINS CONNUE

Autre plante appréciant l'ombre : l'érythronium, une bulbeuse peu connue et qui, pourtant, est superbe. Dès le mois d'avril, si vous les avez repiquées en octobre, chaque tige fera éclore cinq ou six fleurs jaunes ou blanches en forme d'étoile.

LES INCONTOURNABLES

Celle qui se plaira le plus à l'ombre, car elle ne craint absolument pas l'exposition au nord, reste l'impatiens. Mis à part les variétés originaires de Nouvelle-Guinée, qui préfèrent un bon ensoleillement, toutes les impatiens conviendront à votre balcon. Vous les obtiendrez par semis sur couche au début du printemps (en mars-avril), sans enterrer les graines qui cherchent la lumière pour germer. Lorsque les plants seront bien sortis, vers la fin du mois de mai, transplantez-les en pots. Ces plantes s'étendent bien et il suffit de deux ou trois pieds pour garnir une jardinière.

CONSEIL

QUELQUES ARBUSTES

Si vous possédez un balcon suffisamment grand, pourquoi ne pas l'égayer avec quelques arbustes ? On en trouve qui se plaisent également exposés au nord, comme les azalées à feuillage persistant, qui mesurent entre 50 cm et 1,20 m. Si vous avez envie d'une grosse boule de verdure, choisissez le sarcococca, qui vous offrira une multitude de petites fleurs blanches et parfumées en hiver.

1

(MAP/A. Descat)

2

(MAP/N. et P. Mioulane)

3

(MAP/A. Descat)

4

(MAP/A. Descat)

1 - Bégonia pendula. 2 - *Ancolie hybride.* 3 - *Érythronium.* 4 - Sarcococca hookeriana.

UNE TERRASSE EXPOSÉE PLEIN SUD

Le choix de vos plantes et la façon de les répartir dans l'espace sont les secrets d'une terrasse agréable à vivre.

(MAP/Noun)

▲ ***Choisissez vos bacs en fonction de la forme et des dimensions de votre terrasse. Plantez en automne votre frémotodendron dans une grosse jardinière le long d'un mur.***

Si vous avez la chance de posséder une terrasse exposée au sud, vous êtes privilégié. En effet, vous aurez un choix de plantes beaucoup plus étendu que si elle était en plein nord, même si l'on a vu qu'il existait des variétés pour fleurir un tel emplacement. Qu'elle soit au sommet d'un immeuble ou en rez-de-jardin, vous pouvez transformer votre terrasse en véritable paradis et, par conséquent, en lieu de vie extraordinaire. Avant de choisir vos plantes, comme pour n'importe quelle composition, réfléchissez à l'agencement des divers pots et jardinières, à la hauteur, à la largeur et à la couleur qu'auront vos plantes. Essayez également de varier les niveaux, par exemple en posant des pots sur de petites étagères ou sur des tables. Pensez à réserver de la place pour vous, en installant des chaises, des petits bancs, une table, afin de profiter au maximum de votre terrasse. Une composition harmonieuse d'arbustes et de plantes peut être une idée intéressante. Le frémotodendron

'Californian Glory' se comporte très bien le long d'un mur. A condition de protéger le pied en hiver dans les régions les plus froides, il offre de très belles fleurs jaunes pendant tout l'été et son feuillage semi-persistant donne de la verdure une grande partie de l'année. Autre plante, grimpante celle-là, qui adore le soleil et qui n'a pas besoin de guide pour s'élever (le mur suffit) : la passiflore. Choisissez une variété comme 'Constance Elliott', avec ses fleurs blanches aux formes étranges. Les étés très chauds, vous pourrez peut-être même avoir des fruits. Elle aussi fleurit pendant tout l'été, et parfois de juin à septembre. Dans des jardinières, vous pouvez planter de la lavande, qui adore la chaleur, des pétunias, de la valériane de jardin blanche ou rouge, des véroniques… Plantes de massifs, les œillets et les roses d'Inde apporteront une touche colorée à votre terrasse.

1

(MAP/F. Ossart)

2

(MAP/F. Strauss)

3

(MAP/A. Descat)

4

(MAP/N. et P. Mioulane)

5

(MAP/Noun)

6

(Inside/V. Motte)

1 - *Roses d'Inde.* 2 - Passiflore coerulea.
3 - *Frémotodendrons.* 4 - *Œillets d'Inde.*
5 - Centranthus ruber. 6 - *Véroniques.*

CONSEIL

CRÉER UNE HARMONIE

Pour donner l'impression que les plantes sont très nombreuses, et en même temps très variées, rapprochez au maximum vos pots et vos jardinières. Les plus grandes plantes seront installées en arrière-plan et, selon leur taille, les fleurs seront devant. Pour jouer sur les niveaux, posez des pots sur des étagères, accrochez-en d'autres au plafond. Côté couleurs, plus la terrasse est petite, moins il faut varier les tonalités. Le choix du blanc permet d'utiliser deux ou trois autres couleurs. Ajoutez à cela le vert du feuillage et vous aurez déjà quatre ou cinq couleurs distinctes, ce qui n'est pas si mal.

UNE JARDINIÈRE DE PRINTEMPS

Il est si agréable de profiter des premières fleurs de printemps qu'il serait dommage de se priver d'une jardinière facile à réaliser.

(MAP/F. Strauss)

▲ ***Jardinière composée de narcisses, jacinthes, muscaris.***

La richesse et l'opulence d'une composition ne sont pas l'apanage d'un seul jardin. Sur une terrasse ou un balcon, une jardinière réunissant espèces et couleurs bigarrées fera vibrer le printemps ! Il suffit d'acheter, ou pourquoi pas de fabriquer soi-même, une grande jardinière pour profiter des fleurs des champs dès les premiers beaux jours. Les modèles en terre cuite ou en bois sont parfaits pour ce genre de décoration, en tout point de vue.

OÙ ET COMMENT L'INSTALLER ?

La première chose à faire est de l'installer au bon endroit. Étant donné sa taille, il sera en effet difficile de la déplacer lorsqu'elle sera remplie de terre. Mettez ensuite des graviers au fond de votre jardinière. Ils assureront le drainage et éviteront aux racines de pourrir. Vous pouvez remplacer les graviers par des tessons de pots de fleurs usagés, qui feront très bien l'affaire. Il est inutile d'acheter les matériaux spécialisés que l'on trouve dans le commerce, à moins d'y tenir...

LA PLANTATION

Remplissez votre bac d'une bonne terre de jardin avant d'y mettre les plantes que vous avez choisies. Les narcisses et les myosotis sont à planter les premiers, en quinconce et alternés, vers le mois d'octobre. Au même moment, et entre ces plantes, disposez les bulbes de tulipe, de muscari, de crocus et de jacinthe. Les griffes de renoncule doivent être plantées au milieu de la jardinière puisque ce sont les fleurs qui seront les plus hautes. Au tout début du

CONSEIL

Quand toutes les fleurs seront fanées, plantez des fleurs d'été dans votre jardinière. Si vous ne le faites pas, videz-la de sa terre et nettoyez-la bien pour vous en resservir l'année suivante.

printemps, en mars, vous pouvez acheter des plantes en jardinerie et les ajouter à votre jardinière. Les primevères, par exemple, seront du plus bel effet. Mettez également une branche de jasmin ou de forsythia, qui mettra un rayon de soleil dans votre composition.

L'ENTRETIEN

Si vous n'êtes pas très sûr de la qualité de votre terre, il est préférable d'ajouter un peu d'engrais. Il en existe sous forme de bâtonnets qui sont tout à fait adaptés aux jardinières. Quelle que soit la terre, il est utile d'arracher l'éventuelle mauvaise herbe qui pourrait pousser.
Il faut couper régulièrement les fleurs fanées. Pour ce qui est des plantes bulbeuses, vous pouvez soit les couper aussi (dans ce cas, les oignons ne seront plus récupérables), soit les transplanter dans un coin du jardin, si vous en possédez un.

(MAP/Strauss)

▲ *Variez les compositions en fonction du décor de votre jardinière. Choisissez comme ici des jacinthes, du lierre, des primevères.*

PAS A PAS

LES FLEURS DE JARDINIÈRES

Certaines fleurs printanières, comme les primevères, poussent très bien en jardinière, mais il est préférable de les utiliser seules en jouant des nombreuses couleurs des espèces. D'autres, en revanche, peuvent tout à fait être utilisées en panachage. Il est important que la terre des jardinières soit toujours humide, mais il ne faut pas pour autant se livrer à un arrosage forcené.

1 - Au mois d'octobre, plantez les fleurs bisannuelles (pâquerettes, pensées, myosotis...) à environ 25 cm de distance et en quinconce.

2 - A la même époque, plantez entre les variétés ci-dessus des bulbes de tulipe naine ou de jacinthe.

3 - Plantez, toujours en octobre, quelques bulbes de perce-neige, de crocus et de renoncule.

4 - Sectionnez les tiges des bulbeuses à ras de terre dès que leur floraison est terminée. Elles laisseront alors la place aux bisannuelles.

(Illustrations : Steen)

FLEURS JAUNES POUR PRINTEMPS DORÉ

Après la grisaille de l'hiver, vous aurez envie de couleur sur votre terrasse. Pourquoi ne pas choisir le jaune éclatant du soleil...

Sur les chaumes, on n'a d'yeux que pour les genêts qui sont en fleurs. Les chevreuils, eux aussi, apprécient. Ils se précipitent sur ces petites fleurs jaunes pour les manger jusqu'à se goinfrer. Même si vous n'arrivez pas à attirer ces adorables mammifères sur votre terrasse, vous pouvez cependant y installer des genêts.

UNE BONNE TERRE ET UNE BONNE TAILLE

Plusieurs variétés conviennent bien, comme *Cytisus praecox*, un arbuste aux fleurs jaune pâle, ou bien *Cytisus beanii*, d'une taille moins importante mais qui déverse littéralement une cascade de fleurs, jaunes également, et qui convient dans un panier suspendu. Ces deux arbustes peuvent être conservés en pots ou en jardinières pendant trois ou quatre ans.

UNE COMPOSITION AISÉE

Pour obtenir une belle terrasse fleurie de jaune en avril-mai, il suffit de respecter les saisons de plantation.

1- Repiquez en août-septembre les pensées que vous avez semées en juin.

2- Entre septembre et janvier, plantez les bulbeuses.

3- Entre novembre et mars, plantez vos genêts, en essayant de suspendre au moins un pot.

(MAP/Frédéric Strauss)

▲ *Kerria, chèvrefeuille, coronille et tournesol livrent chacun leurs notes jaunes pour une harmonie toute solaire.*

(MAP/N.P. Mioulane)

▲ ***Des bouquets de chrysanthème émergent des branches de genêt et des rameaux de lierre aux feuilles d'un vert jaune.***

(MAP/C. Nichols)

◄ ***Composition pour une seule espèce ou presque, des pensées d'or que le feuillage du lierre accompagne discrètement.***

(MAP/Frédéric Strauss)

▲ ***Les feuilles d'un jaune brillant du lysimachia habillent les jardinières et éclairent ce coin de terrasse.***

Ils peuvent aussi être replantés au jardin après la floraison sur votre terrasse.
Où que vous les plantiez, choisissez une terre pas trop riche, sinon les tiges auront tendance à se développer de façon inconsidérée, et cela aux dépens de la floraison. Juste après cette floraison, il faudra tailler vos genêts, condition pour avoir de nouvelles fleurs en quantité l'année suivante.

UN CHOIX VARIÉ D'ESPÈCES

On peut leur associer des pensées que l'on aura cultivées en bisannuelles, c'est-à-dire en les semant en juin et en les repiquant en août-septembre. Elles fleuriront à la même époque que les genêts. Il faut choisir des variétés dans les mêmes tons de jaune, comme 'Rêve jaune'. Elles ont de grandes fleurs au milieu d'un feuillage au vert très soutenu. Les tiges sont hautes d'une quinzaine de centimètres.
Des bulbeuses, comme les tulipes botaniques, les plus précoces, agrémenteront votre composition. Vous pouvez leur adjoindre des narcisses, traditionnelle plante bulbeuse à floraison printanière, en optant par exemple pour la variété 'King Alfred', avec son jaune franc, proche de celui des jonquilles.
En fonction de la grandeur de votre terrasse, de la possibilité de suspendre des paniers, vous pourrez, avec ces quelques échantillons, obtenir une composition éclatante.

UN BEL AGENCEMENT

N'hésitez pas, en plus des pots et des jardinières posés à différents niveaux sur le sol, à suspendre certaines de vos fleurs, cette façon d'organiser l'espace donnant l'impression d'être « envahi ». En plus, on a plus souvent l'habitude de regarder les fleurs en se penchant vers le bas ou, au mieux, en les ayant à hauteur d'œil, alors qu'elles ont aussi leur charme vues en contre-plongée. Vous les « verrez » ainsi autrement.

D'AUTRES IDÉES

Il existe une multitude d'autres plantes et arbustes permettant d'obtenir ces tons jaunes. Vous pouvez ainsi facilement remplacer le genêt par le forsythia.
Il existe de très belles primevères qui feront très bien l'affaire. Les giroflées d'hiver conviennent parfaitement. Après tout, si vous le souhaitez, plutôt que de remplacer telle espèce par telle autre, pourquoi ne pas toutes les essayer. Vous ne le regretterez sans doute pas.

L' ÉTÉ SERA BEAU

Que ce soit en semant ou en achetant des plants tout prêts, il est temps de concevoir la terrasse d'été dont vous rêvez !

A (MAP/F. Didillon)

▲ ***Pétunia, lobélie, pensée, verveine, réunies dans un camaïeu de rose, mauve et violet, imprègnent d'une douce légèreté cette belle terrasse d'été.***

C'est en février-mars que se préparent semis et plantations. Au tout début du printemps, vous trouverez dans votre jardinerie tous les géraniums que vous appréciez. N'attendez pas trop pour faire vos achats, c'est souvent au début de la saison que le choix est le plus vaste.
Vous en trouverez dans tous les coloris : blanc, rose, rouge, et dans toutes les nuances comprises entre ces différentes teintes.

LES FLEURS DE BASE

Bien sûr, vous n'achèterez des géraniums que si vous n'en avez pas conservé de l'année précédente. Si, en revanche, vous avez pris toutes les précautions nécessaires, vous allez pouvoir les ressortir sur votre terrasse. Vous n'oublierez pas de les rempoter, pour leur donner un bon terreau dans lequel ils s'épanouiront à merveille.
Pour être plus exact, il faudrait dire pélargonium au lieu de géranium, mais ce dernier terme est couramment usité même s'il ne désigne pas le traditionnel géranium vivace qui, lui, préfère la pleine terre aux pots et jardinières.

B (Canal Photos)

Pétunia.

C (Canal Photos)

Géranium.

Cependant, si vous possédez de gros pots, n'hésitez pas à tenter la culture de ces géraniums vivaces. Mais alors, vous éviterez, contrairement aux pélargoniums, de les exposer au plein soleil, ils préfèrent une situation à mi-ombre.

EN FEUILLETANT LES MAGAZINES

Pour faire votre choix, le mieux est de consulter les magazines de décoration, les catalogues de fleurs, et d'adapter en fonction de vos contraintes personnelles. Il vous sera très facile, et surtout agréable, de composer et de créer un décor fleuri que vous prendrez chaque jour plaisir à regarder.

A côté de ces fleurs traditionnellement cultivées en terrasses ou sur les balcons, parce qu'elles sont belles et faciles à entretenir, vous choisirez d'autres plantes qui, elles aussi, ont une floraison longue. Un classique : le pétunia. Il se sème de février à avril soit dans une mini-serre, soit tout simplement à l'abri dans la maison. Il doit être repiqué une première fois en petits pots de tourbe dès que les plantes ont fait quelques feuilles et que vous pouvez les saisir sans les endommager. Vous commencerez alors à les sortir progressivement, en fonction du temps qu'il fait dehors, pour les habituer aux conditions climatiques extérieures. Ce n'est que lorsque les dernières gelées ne seront plus à craindre que vous les installerez définitivement en place. Si vous n'avez pas le temps de procéder aux semis, sachez que vous trouverez sans problème des pétunias en jardinerie au printemps.

COMPOSER SELON SES GOÛTS

On peut considérer que ces deux types de plantes sont à la base de nombreuses compositions. A partir de là, vous pouvez bien sûr envisager toutes les possibilités, en fonction de vos goûts, du temps que vous avez à consacrer à vos plantes... Mais, avec les pétunias et les géraniums, vous êtes sûr d'avoir une terrasse ou un balcon fleuri pendant plusieurs mois, en gros de mai à octobre. En annuelles, les soucis, les œillets et roses d'Inde, les reines-marguerites, constituent de belles taches de couleur. Et elles durent elles aussi très longtemps. Les bulbeuses sont plutôt des fleurs de printemps, mais les lis sont un contre-exemple, donnant des fleurs magnifiques jusqu'au mois d'août.

D (Délu)

Rose d'Inde.

DU ROSE POUR L'ÉTÉ

Pour vivre dans une ambiance de douceur, vous pouvez choisir d'orner en été votre terrasse de fleurs à la couleur rosée.

Profitez du temps où la végétation est au repos pour réfléchir à votre terrasse d'été. C'est en effet le bon moment pour imaginer ce à quoi vous aimeriez que votre terrasse ressemble à cette époque. C'est donc le moment d'aller puiser des idées partout où vous le pourrez : chez des amis, chez les pépiniéristes, dans les jardineries, dans les jardins publics...
Ainsi, vous découvrirez quelles sont les plantes les mieux adaptées à votre cas, celles que vous aimeriez vraiment découvrir chaque matin en vous levant, bref, c'est l'époque idéale pour faire le choix de ce que vous allez planter prochainement.

UNE PLUIE DE FLEURS

Voici quelques idées pour vous aider. Si vous avez envie de faire le plein de couleurs pendant ces mois chauds, choisissez des plantes à la floraison généreuse, comme le pétunia dont vous pourrez marier les différents tons. Mélangez, dans une jardinière assez grande, des fleurs blanches de 'Iceberg' et roses de 'Rose Joy'. Toujours en pétunia, vous pourrez cultiver un surfinia 'Pink Vine' dans un panier suspendu, il fournira une cascade de fleurs rose clair du plus bel effet. Comme un peintre le ferait à partir de sa palette, les pélargoniums et fuchsias apporteront leur touche rosée à ce décor.

(MAP/F. Strauss)

▲ *Pour voir l'été en rose, c'est tout simple, il suffit de choisir les espèces qui donneront le ton et d'autres que vous prendrez dans le ton ! Sur cette terrasse, discia, hibiscus, pélargonium et* Alyssum maritimum *accompagnent le laurier-rose.*

(MAP/F. Strauss)

▲ *Si vous optez pour une seule teinte, celle des fleurs du laurier-rose par exemple, l'animation viendra des différences de niveau que vous réserverez à vos plantes.*

(MAP/F. Didillon)

▲ *La verveine apportera la touche finale à votre composition tant par la vivacité de couleur de ses fleurs que par celle de son feuillage.*

CONSEIL

PLACE AU MOBILIER !

Si elles vous en laissent la place, vous apprécierez encore plus vos fleurs en installant quelques éléments de mobilier qui vous permettront de prendre de vrais moments de bonheur au milieu d'elles. En appartement, où l'on ne dispose pas forcément de beaucoup de place pour le rangement, il est préférable de choisir des meubles pliants que l'on peut installer ou retirer en fonction des besoins. N'oubliez pas qu'ils feront, eux aussi, partie du décor. Choisissez-les donc dans des coloris neutres pour qu'ils puissent s'accorder avec n'importe quelle plante. Cette année, vous déclinez votre terrasse en rose, mais l'année prochaine, vous souhaiterez peut-être changer de ton.

Tout comme *Nerium oleander,* le laurier-rose commun, avec ses belles fleurs mais aussi ses feuilles ovales qui joueront le contrepoint d'une note de verdure. Verveines et impatiens viendront avantageusement compléter la composition de votre terrasse.

VARIATIONS ET COMPOSITION

Sur la façon d'agencer les différentes plantations, vous pouvez choisir de séparer physiquement les fleurs, c'est-à-dire de les planter chacune dans un contenant. Mais il est également possible d'associer différentes variétés, et même de les mélanger vraiment dans un même pot ou une même jardinière. Bien souvent, cela donne une harmonie supplémentaire à la composition. Ce qu'il faudra essayer de faire, c'est utiliser de jolis pots qui soient de véritables « plus » pour la décoration, et non pas des handicaps.

En les sélectionnant de tailles et de formes variées, vous jouerez sur la hauteur des plantations, et éviterez ainsi d'avoir des potées toutes au même niveau.

(MAP/ F. Didillon)

▲ *Le pétunia 'Pink Vine' laissera onduler ses tiges généreusement couvertes de fleurs.*

LES POTÉES FONT L'ÉTÉ

L'été est la saison où tout est permis ou presque, car c'est aussi la saison de tous les dangers. Il faut donc user de cette liberté en respectant quelques règles vitales pour les plantes.

Ces belles journées constituent un moment privilégié pour sortir vos pots, sur la terrasse ou le balcon lorsque l'on habite en appartement, ou devant la maison. Il faudra choisir la meilleure exposition possible pour chaque plante, en veillant à ne pas en installer certaines au soleil de midi.

IMPORTANT, L'ARROSAGE

Autre précaution à prendre : l'arrosage, qui devra lui aussi être adapté et souvent abondant. Ces quelques réflexions vous conduiront ainsi à regrouper les pots et jardinières qui demandent beaucoup d'eau. Votre travail sera facilité si vous les avez tous à proximité. Les pétunias, les géraniums, les capucines naines sont des exemples de plantes que l'on peut associer, autant pour des raisons esthétiques que pour les raisons pratiques liées à l'arrosage fréquent. Les unes peuvent être plantées en jardinières posées sur le sol, les autres dans des pots suspendus. Par temps sec, arrosez copieusement.

(MAP/N. et P. Mioulane)

▲ *Pétunia, pélargonium, carex, lierre, célosie, côtoient ici le kiwi, le fraisier, la courgette et créent sur cette terrasse une atmosphère de plénitude estivale.*

(MAP/F. Strauss)

◄ *En juin, le rhododendron ouvrira les floraisons d'été.*

Faites-le une fois par jour, de préférence le soir, quand les rayons du soleil ne touchent plus vos plantes. De toute façon, le rythme d'arrosage est au minimum de deux à trois fois par semaine. Pour réussir à le limiter un peu, vous pouvez pailler vos plantes avec de l'écorce de pin qui réduira l'évaporation de l'eau.

L'arum, avec ses grandes feuilles et ses fleurs en coupe, a lui aussi besoin d'être abreuvé fréquemment et, en plus, il doit être planté dans un grand pot. Il faudra donc jouer sur les tailles des contenants pour composer un décor harmonieux. L'impatiens, elle, pourra fleurir le coin d'ombre de votre balcon, celui qui ne voit pratiquement pas le soleil de la journée. Les belles couleurs vives de cette plante lui donneront un éclairage inhabituel.

TOUT EST PERMIS

A partir d'éléments de base, et comme nous avons dit que tout était permis, on peut tout envisager. Si vous aimez vous sentir « envahi » par la verdure, n'hésitez surtout pas à joindre à ces quelques fleurs toutes vos plantes d'intérieur. Les cactées, par exemple, apprécieront cette sortie et l'œil ne s'en plaindra pas, surtout si elles sont rassemblées sur des étagères, au milieu des plantes fleuries. Même chose pour une plante verte : le philodendron sera du plus bel effet au milieu des pétunias.

Bref, comme pour tout aménagement de terrasse, vos potées d'été seront vraiment mises en valeur si vous réussissez à faire un décor harmonieux, tant du point de vue des plantes choisies, que des contenants et de la façon dont vous les installerez. Cela dépend en grande partie de la taille de l'espace dont vous disposez. Le plus, à cette époque, c'est l'incalculable variété mise à votre disposition.

(MAPI/Y. Monel)

▲ *L'arum et ses superbes fleurs en coupe donnent toujours un air de majesté.*

▼ *Les fleurs en trompette du pétunia se marient harmonieusement avec toutes les espèces.*

(MAPI/N. et P. Mioulane)

PAS A PAS

POUR FAIRE VOS POTS

Trois choses sont importantes pour la bonne évolution d'une plante : le pot, le mélange terreux et l'arrosage.

1 - Choisissez un pot d'une taille adaptée aux besoins de la plante et mettez au fond une couche de gravillons ou de billes de polystyrène.

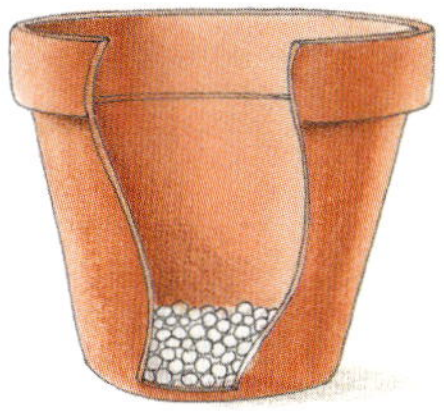

2 - Remplissez ensuite d'un mélange de terre, de terreau de feuilles, de terreau normal et d'un peu de sable.

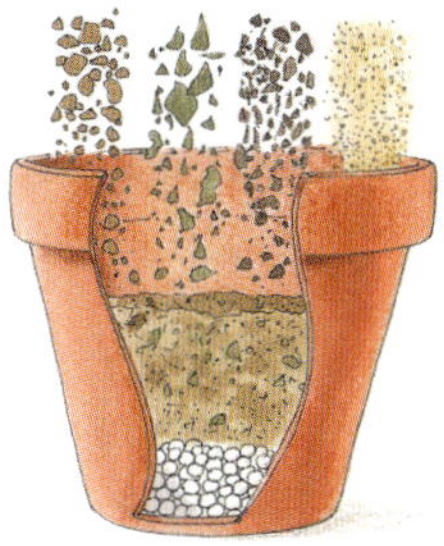

3 - Installez vos plantes dans ce mélange.

4 - Par temps sec, arrosez 1 fois par jour.

(Illustrations : Steen)

DES COULEURS POUR L'AUTOMNE

Il faut profiter des derniers mois précédant l'hiver pour s'offrir encore quelques belles images colorées, intenses et lumineuses.

(MAP/F. Strauss)

▲ ***Vives, telles sont aussi les couleurs de l'automne avec des potées de chrysanthèmes dont les tons sont en harmonie avec les teintes des potirons, pommes, poires, légumes et autres fruits de la saison.***

Avant de retomber dans la grisaille ou même l'uniformisation de l'hiver, profitons des beaux jours automnaux favorables à des éclosions de lumière étonnantes. Sur nos terrasses et balcons, l'automne n'est pas forcément synonyme de marron, ocre ou autre ton rougeâtre. Certes, on peut avoir de très jolis feuillages avec de tels coloris, mais pourquoi se priver des couleurs vives que se plaisent à nous offrir certaines plantes.

CHRYSANTHÈME ET REINE-MARGUERITE

Il y a ainsi le chrysanthème qui, dès le mois de septembre, peut fleurir généreusement nos pots et jardinières.

(MAP/N. et P. Mioulane)

▲ *Vibrantes, les reines-marguerites dans leur livrée violette éclairée de blanc s'accordent bien au nuancier de la bruyère notamment.*

Souvent délaissé, à cause de l'image de fleur de cimetière qui lui colle à la peau, le chrysanthème retrouve heureusement sa place dans les jardins et sur les terrasses.
On choisira cette fleur dans des tons chauds qui viendront en écho de ceux de la nature environnante, surtout si celle-ci est loin de chez vous. Pour prolonger la floraison de cette plante, il est conseillé de couper les fleurs dès qu'elles sont fanées, cela favorisera grandement l'éclosion des boutons.
Jusqu'à début octobre, l'aster de Chine, plus connu sous le nom de reine-marguerite, pourra constituer une véritable boule de couleur, dans les tons violets ou roses.
Inévitable à cette saison, la bruyère sera un élément de base pour la décoration d'une terrasse. Elle saura très bien mettre en valeur les autres plantes.

QUELQUES FRUITS ET LÉGUMES

Mais n'oubliez pas non plus d'autres plantes que vous pouvez avoir sur votre balcon depuis le printemps et que vous conserverez encore jusqu'aux premières gelées.
C'est le cas, par exemple, des marguerites d'automne qui se plaisent dans un grand pot.
Vous aurez un choix assez important de plantes qui acceptent encore à cette époque d'égayer une terrasse.
Mais nous vous conseillons d'aller chercher au potager quelques éléments complémentaires pour la décoration.
Ainsi, de simples potirons ou des courges décoratives seront du plus bel effet au pied de vos compositions florales.
Dans une coupe posée sur la table, des pommes et des poires apporteront, elles aussi, une touche de couleur supplémentaire.

PRÉPAREZ LE PRINTEMPS

Certes, on peut profiter des mois d'automne en mettant de la couleur sur le balcon, mais c'est également l'époque où il faut commencer à préparer le printemps prochain. On peut en effet planter les vivaces en pots, celles qui illumineront votre balcon au sortir de l'hiver. Parmi les premières à fleurir, signalons l'aubriète ou l'alyssum corbeille-d'or.

PAS A PAS

COMPOSEZ VOTRE TERRASSE

Pour profiter au mieux de vos fleurs d'automne, essayez de faire des compositions qui mettront leurs couleurs en valeur.

1 - Dans une grande jardinière, plantez les chrysanthèmes et la bruyère. Si vous la suspendez, rajoutez un pied de lierre retombant, cela donnera une impression de cascade.

2 - Installez une autre jardinière (ou un grand pot) qui accueillera 5 ou 6 godets de reines-marguerites que l'on choisira de couleurs variées.

3 - Pour achever la décoration, installez des potirons et des fruits de l'automne.

(Illustrations : Steen)

FLEURISSEZ VOTRE AUTOMNE

Avec quelques plantes, vous réussirez en dépit de la saison à donner de la chaleur à votre terrasse ou à votre balcon.

Avant de vous donner quelques conseils, et pour ne pas faire naître dans les esprits des rêves trop irréalisables, sachez que l'automne (et surtout la deuxième partie) n'est pas la saison idéale pour avoir de jolies plantes bien fleuries. C'est d'autant plus vrai que vous habitez dans des régions au climat frisquet. Cela dit, on peut tout de même faire en sorte que la terrasse soit relativement bien colorée jusqu'aux premières gelées.

POURSUIVRE LA FLORAISON ESTIVALE

Pour commencer, on ne peut pas passer sous silence les plantes traditionnelles qui ont éclairé l'été et qui poursuivent encore un peu leur vie, au maximum jusqu'au début du mois d'octobre.

QUAND L'ÉTÉ S'ATTARDE

Vous pourrez « profiter » de nombreuses fleurs annuelles à floraison estivale pendant les premiers mois de l'automne : pétunias, lobélias, etc. En réalité, tout dépendra de votre région d'habitation. Le plus vous vous rapprochez du Sud, ou de l'Ouest pour certaines plantes, le plus vous aurez des chances d'avoir des plantes fleuries tôt et tard dans l'année.

A (MAP/F. Strauss)

▲ *Les pétunias, comme les pélargoniums ou les fuchsias, s'épanouissent encore dans les premiers jours d'octobre et même un peu plus tard. C'est une question de région et d'année. Il est des automnes plus cléments que d'autres.*

Ce sont par exemple les pélargoniums, nos célèbres géraniums des balcons. Si vous les avez bien entretenus pendant l'été (arrosage souvent mais pas trop, coupe des fleurs dès qu'elles étaient fanées...), vous en profiterez encore un peu à l'automne. Même chose pour les fuchsias. Si vous les avez exposés à un endroit peu ensoleillé, si vous leur avez donné un peu d'engrais de temps à autre et si vous avez régulièrement pincé les tiges pour leur donner un aspect buissonnant, leurs petites clochettes accompagneront avec plaisir les fleurs des pélargoniums. En revanche, pour les uns et pour les autres, n'oubliez pas de les rentrer quand les gelées ont tendance à devenir fortes.

LE MAGNIFIQUE CHRYSANTHÈME

Pour augmenter ses chances, il existe quelques petits trucs qu'il est bon de connaître. Prenez par exemple les pensées. Plante habituellement présente sur nos terrasses et sur nos fenêtres dès le mois d'avril, et dont la floraison se poursuit pendant tout l'été, on peut très bien l'avoir vers le mois d'octobre et pendant une partie de l'hiver si cette saison est plutôt douce. Pour cela, il suffit de la semer fin juin ou début juillet dans de petits pots de tourbe. Ensuite, on éclaircit, en ne conservant que les plants apparaissant comme les plus vigoureux, et on transplante une première fois fin août avant de mettre définitivement en pot ou jardinière fin septembre. Pour terminer, il faut absolument évoquer la plante symbole de l'automne : le chrysanthème. Nous ne le faisons pas par dépit, mais par conviction, car nous estimons que c'est une plante tellement belle qu'elle doit absolument regagner son rôle de plante décorative pour les vivants, et non plus seulement pour les morts. Allez vous promener chez un horticulteur ou dans une jardinerie : vous découvrirez des variétés sublimes que vous aurez sûrement envie de rapporter chez vous.

B (MAP/C. Nichols)

▲ *Si vous plantez vos pensées en juin, elles fleuriront tard dans la saison.*

C (MAP/N. et P. Mioulane)

► *La lobélie fait partie des annuelles qui peuvent fleurir jusqu'en octobre.*

BEAUTÉS D'AUTOMNE

L'été s'en est allé, il reviendra. Pour l'heure, ouvrez l'œil et pensez à cultiver les variétés qui resplendissent au moment de l'automne.

Nous avons déjà évoqué quelques possibilités de compositions pour agrémenter une petite terrasse en automne. Nous voudrions, ici, donner d'autres idées à ceux qui ont la chance d'en posséder une plus grande, qu'elle prolonge un appartement, en ville, ou qu'elle soit dans le prolongement de la maison, à la campagne.

DES FEUILLES QUI SE COLORENT

A cette époque où le feuillage a pris des couleurs éclatantes, comme un dernier sursaut avant la chute, avant l'hiver, il faut profiter au maximum des derniers instants de vie de la nature. Avec un arbuste comme l'érable japonais, *Acer palmatum*, vous serez comblé. Parmi toutes les variétés d'érables, c'est certainement la plus belle à utiliser comme plante ornementale sur une terrasse. Atteignant au maximum 3 m de hauteur, *Acer palmatum* se satisfait d'un bon terreau pour évoluer dans les meilleures conditions. Dans sa jeunesse, un pot de 40 cm de diamètre et de profondeur lui convient parfaitement. Lorsqu'il approchera de sa taille adulte, il faudra le transplanter dans un contenant plus grand, de l'ordre de 60 cm de largeur et de hauteur.

(MAP/F. Strauss)

▸ ***Acer, hester, alchemille et d'autres mettent cette terrasse au diapason de l'automne.***

(Délu)

L'épine-vinette **(Berberis x stenophylla)** *au printemps.*

Autre arbuste dont il faut encourager la culture, pour sa beauté d'une part, mais aussi parce qu'il n'est pas très couramment utilisé : l'épine-vinette, dont on choisira les espèces *Berberis x stenophylla* (hybride de *darwinii*) ou *thunbergii*. Vous assisterez tout au long de l'année aux différents stades d'évolution de la plante marqués par une floraison magnifique au printemps, avec des fleurs orangées, puis par l'apparition des fruits, en fait de petites baies de couleur rouge ou noire, et enfin par une coloration éclatante du feuillage en automne. Là aussi, vous devrez les cultiver dans un grand pot de l'ordre de 60 cm de diamètre et de hauteur rempli d'un bon terreau.

(MAP/A Descat)

L'Enkianthus *à l'automne.*

NOMBREUSES PLANTES FLEURIES

L'*Enkianthus campanulatus* saura sans aucun doute, lui aussi, vous séduire toute l'année durant et particulièrement en automne. Au mois de mai, vous verrez éclore ses nombreuses petites fleurs jaunâtres veinées de rouge en forme de clochettes. Et en automne, un rouge très intense colorera ses feuilles. Pour sa culture, lui réserver un pot de 50 cm de diamètre et de hauteur et le remplir d'un bon terreau de tourbe, donc d'une terre acide. *Enkianthus*, à sa taille adulte, atteindra environ 2 m de hauteur. Ces trois exemples d'arbustes décoratifs, particulièrement en automne, doivent bien évidemment ne pas être les seules plantes à cultiver sur votre terrasse. Vous pourrez les associer à toutes les autres plantes fleuries de cette saison. Mais ils constitueront une base intéressante pour agrémenter cet espace de la maison.

PAS A PAS

COMPOSITION AUTOUR DES ARBUSTES

En jouant avec les positions et les couleurs, vous mettrez votre terrasse en beauté presque toute l'année.

1 - L'hiver, installez les trois variétés d'arbustes de façon harmonieuse sur la terrasse, en évitant de mettre l'épine-vinette près d'un passage utilisé fréquemment, ses épines n'étant pas très agréables.

2 - Au printemps et en été, disposez les plantes annuelles ou vivaces cultivées en pots en fonction de leur couleur et de celle des arbustes.

3 - En automne, modifiez la position des arbustes qui deviendront l'élément essentiel du décor.

(Illustration : Steen)

L'HIVER AU BALCON

Même si vous ne profitez pas de votre terrasse en hiver, il est agréable, en jetant un coup d'œil par la fenêtre, de découvrir un peu de verdure.

Tous les amateurs de verdure se découragent lorsque l'hiver apparaît. Les belles fleurs du printemps et de l'été ne sont qu'un lointain souvenir et il faudra attendre encore plusieurs mois avant de les retrouver. Les feuillages colorés de l'automne ont disparu, les arbustes à feuilles caduques sont nus désormais. Plutôt que de céder à la nostalgie des beaux jours, pourquoi ne pas égayer votre balcon ou votre terrasse ? Même sous les frimas de l'hiver, plantes, arbres et arbustes vous offrent de belles possibilités.

QUELQUES FLEURS

Bien sûr, vous ne réussirez pas à obtenir un décor aussi fleuri qu'en été, mais pour peu que vous possédiez une véranda, vous pourrez, par exemple, cultiver la rose de Noël, *Helleborus niger*. *Iris danfordiae*, quant à lui, supportera très bien le climat de votre terrasse et vous verrez apparaître ses magnifiques fleurs jaunes vers le mois de janvier.

(MAP/F. Strauss)

► ***Conifères, bruyères et bien d'autres espèces habilleront votre balcon aux tons de la saison.***

CONSEIL

Vous pouvez également avoir quelques conifères miniatures. Placés sous la neige tombante, ils se couvriront d'un blanc manteau qui donnera un air de fête à cette saison.

C'est un iris bulbeux qui se comporte très bien en pot, contrairement aux iris rhizomateux qui préfèrent la pleine terre. Autre bulbe, mais qui fleurira plutôt vers la fin de l'hiver, en février, le narcisse de l'espèce *Narcissus tazetta*.
A côté de ces quelques plantes fleuries, il faudra associer des arbres dont on trouve un plus grand nombre de variétés qui sont jolies en hiver. C'est le cas du mimosa, *Acacia rhetinodes,* qui accepte volontiers la culture en pot, à condition d'être installé à l'abri des vents. L'azara, un petit arbuste, peut également vous offrir de charmantes fleurs jaunes en janvier à condition d'habiter dans une région où la température ne descend pas trop bas.

(MAP/F. Didillon)

***Azara* (Azara serrata).**

(Délu)

***Narcisse à bouquet* (Narcissus tazetta).**

UN HIVER PLAISANT

Il ne faut surtout pas oublier le camélia qui est l'une des plantes fétiches de l'hiver, acceptant sans difficulté d'être recouvert de neige, à condition de la faire régulièrement tomber des feuilles en secouant les tiges lorsque la couche a tendance à rester. Bois joli *(Daphne mezereum)* vous fait croire, au tout début de l'hiver, qu'il va dépérir parce qu'il perd ses feuilles mais, quelques semaines plus tard, il gagne de très jolies fleurs parfumées de couleur rose. Une seule condition pour la culture de cette plante : remplir le pot d'une terre de bruyère qui lui apporte l'acidité dont elle a besoin. Autre arbuste resplendissant en hiver avec ses innombrables grappes de fleurs jaunes : le mahonia. Même si sa croissance n'est pas très rapide au début, au bout de quelques années, il éclairera votre terrasse dès lors qu'il sera installé dans un pot assez grand rempli d'un mélange de terre et de terreau. Il résiste parfaitement à des températures très basses. *Viburnum tinus,* la viorne, apportera, quant à elle, une petite touche blanche à votre composition hivernale.

(MAP/A. Descat)

***Bois joli* (Daphne mezereum).**

DES POTÉES POUR L'HIVER

Ne devenez pas triste en hiver, comme le temps... Cultivez des plantes colorées qui égaieront votre terrasse, il en existe.

Quel plaisir d'admirer des fleurs colorées au beau milieu de l'hiver alors que, dehors, la grisaille domine ! Nous allons vous donner quelques idées de plantes à faire fleurir pour cette saison difficile, certaines d'entre elles, en fonction de votre lieu d'habitation, devant être protégées en étant posées, par exemple, sur le rebord intérieur d'une fenêtre.
En fait, toutes ces plantes pourront être mises dehors dans le Sud de la France et, à mesure que vous remonterez vers des régions du Nord ou de l'Est, vous devrez en rentrer d'abord quelques-unes, puis la plupart.

CONSEIL

Si votre balcon ou votre terrasse est en prise au vent, vous devrez mettre des plantes hautes et peu fragiles en protection, c'est essentiel. Ainsi, l'effet des courants froids sur les plantes les plus délicates sera limité. Enfin, si vous cultivez des plantes qui ne supportent absolument pas le gel, sortez-les uniquement les jours de beau temps et rentrez-les systématiquement la nuit.

A (MAP/N. et P. Mioulane)

▲ *Fleurir sa terrasse l'hiver, c'est possible en respectant des règles strictes.*

DES BULBES A FORCER

Les compositions à base de primevères donnent un avant-goût de ce que sera le printemps au jardin. Ces plantes à la floraison précoce se prêtent bien à une culture de terrasse si celle-ci est correctement exposée et abritée des courants d'air glaciaux. Les pensées sont également souvent utilisées dans ce cadre. On peut décliner les unes et les autres en plusieurs couleurs, en fonction de ses propres goûts et des couleurs des autres plantes. Les plantes à bulbes printanières sont des classiques, comme les tulipes ou les crocus. Lorsqu'elles auront terminé leur floraison, vous pourrez d'ailleurs les replanter au jardin. Pour les avoir en fleurs en hiver, il faudra les forcer vous-même ou, mieux, les acheter préparées dans votre jardinerie ou chez votre fleuriste.
Si vous avez la passion de la décoration, vous pourrez jouer sur l'harmonie des couleurs, celles de vos plantes, de vos contenants, de vos fenêtres et de la balustrade de la terrasse. Bleu et jaune sont des teintes que l'on retrouve fréquemment à cette époque de l'année.

UNE PROTECTION NOCTURNE

Quelles que soient les compositions que vous choisirez, il faudra, dans plusieurs régions, veiller à ce que les gelées, notamment nocturnes, ne mettent pas à mal vos plantations. Il existe des petits trucs de jardinier pour cela : recouvrir, par exemple, les pots et jardinières de feuilles de journaux pendant la nuit, ou bien d'un plastique d'emballage à bulles (un plastique simple ne convient pas, car il transmet le froid alors que les bulles jouent un rôle d'isolant)...
Vous pourrez opter pour des protections toutes prêtes disponibles dans les jardineries.
Ne laissez jamais les pots en contact avec la soucoupe, l'eau qui peut stagner risque de geler et de détruire les racines de vos plantes.
Il faut donc toujours mettre un lit de graviers qui empêche le contact.

▼ *Tulipes, primevères, pensées, font partie des espèces que l'on peut cultiver avec toutefois cette réserve de les mettre à l'abri les nuits trop froides.*

B (MAP/F. Strauss)

NOËL AU BALCON

De votre fenêtre, vous profiterez d'un décor de verdure sur la terrasse, même à Noël, si vous choisissez judicieusement quelques arbustes.

Le proverbe affirme « Noël au balcon, Pâques au tison ». Même s'il est respecté, vous aurez plus de couleurs sur votre balcon à Pâques qu'à la fin du mois de décembre. Cela ne vous empêchera pas, cependant, de tout faire pour que votre terrasse, au moment des fêtes de Noël, se pare de ses plus beaux atours. Certes, en cette saison, c'est le vert qui dominera avec un choix d'arbustes au feuillage persistant. Pour la couleur, si vous le souhaitez, vous pouvez les agrémenter des traditionnelles décorations de Noël.

UN PEU DE COULEUR SUR LE HOUX

L'une des plantes centrales de votre composition pourra être le houx, ce magnifique arbuste qui se recouvre, à cette saison, d'une multitude de petites boules rouges éclatantes se détachant bien du feuillage d'un vert intense et luisant.

C (MAP/F. Strauss)

► ***Buis, if et skimmia sont en habits de fête et poudrés de neige pour la circonstance.***

CONSEIL

Tous ces arbustes, cultivés en pots, pourront être déplacés au début du printemps, à une époque où vous aurez envie de voir apparaître d'autres couleurs plus variées. Vous les installerez au jardin et les rapporterez aux mauvais jours.

B (MAP/A. Descat)

▲ ***Les baies et les feuilles colorées du houx sont tout naturellement aux couleurs de Noël.***

Ces petits arbustes, qui tolèrent à peu près toutes les terres non calcaires, viennent très bien dans un grand pot.
Il existe de nombreuses variétés qui se distinguent par leur feuillage et par la couleur de leurs baies dont certaines peuvent être jaunes.
Il faudra bien choisir une plante femelle si vous voulez voir votre houx porter des fruits et, en plus, elle aura besoin, à proximité, d'un houx mâle. Si vous habitez la campagne et que vous êtes entouré de ce type d'arbustes, il n'y aura pas de problème. En revanche, en ville, il faudra deux pieds de sexe opposé. Sinon, votre plante femelle sera belle, mais sans fruits.

MON BEAU SAPIN

Autre symbole de Noël : le sapin, appelé par les botanistes *Picea abies.* Plutôt que d'acheter l'un de ces arbustes coupés, optez pour un pied en conteneur qui, lorsque les fêtes seront passées, pourra trouver place sur votre balcon, installé dans un grand pot rempli d'une terre à dominante acide. Il faudra bien évidemment prendre une variété naine qui ne risque pas d'atteindre la terrasse de votre voisin du dessus en quelques années.

DES FEUILLAGES PERSISTANTS

Vous agrémenterez votre décor d'autres espèces de conifères, des arbustes à feuillage persistant, de tailles différentes. Car, là aussi, comme pour toute composition, il faut jouer sur les hauteurs, mais aussi sur les ports : coniques, compacts, buissonnants... En fonction des dimensions de la terrasse ou du balcon, vous pourrez trouver les plantes qui conviendront. Le buis, par exemple, est une plante intéressante parce que, en suivant les principes de taille de l'art topiaire, on peut le « modeler » à sa guise. Il permet ainsi d'harmoniser un décor en fonction de la façon dont on le conduit.
En plus, ce qui ne gâte rien, le buis est un très bel arbuste, peu exigeant.
Ce décor végétal présentera un autre avantage : celui d'attirer les oiseaux que vous pourrez retenir en leur proposant quelque nourriture en cette saison où ils ont parfois du mal à en trouver.

▼ ***Buis taillé en boule et lierre à feuilles panachées de crème, deux styles de plantes à feuillage persistant qui se marient parfaitement.***

A (Inside/C. Nichols)

UNE TERRASSE EXOTIQUE

Avoir quelques plantes d'origine tropicale comme ligne d'horizon n'est pas réservé au seul temps des vacances. C'est possible sur sa terrasse.

Rêver d'être sur une île paradisiaque en train de se prélasser à l'ombre des plantes exotiques, un rêve possible à réaliser (ou presque) sur votre terrasse. Pour cela, il suffit d'arranger un peu le décor, en choisissant les fleurs qui correspondront le mieux à votre souhait. Il faudra tout de même tenir compte de la région où vous habitez.

DES « LIANES » SUR LA BALUSTRADE

De nombreuses plantes, même si elles sont originaires de régions chaudes et humides, finissent en effet par s'acclimater à nos régions. Pour la plupart d'entre elles, il faudra cependant faire attention aux froids hivernaux et, sauf exception, les rentrer dans la maison. Même si elle n'a pas l'attrait de l'hibiscus, la passiflore 'Constance Elliott' qui court le long de votre balustrade aura tout de même un charme certain. Une impression d'avoir des lianes sur son balcon... Du printemps jusqu'à la fin de l'été, ses fleurs blanches irisées de violet constitueront un fond idéal à votre décor. Le datura 'Cornigea', quant à lui, avec son feuillage persistant, donnera de la verdure pendant toute l'année. Bien sûr, ses très belles fleurs d'un blanc crème égaieront encore plus la terrasse pendant l'été.

(MAP/Frédéric Strauss)

▲ *Yucca 'Aloifolia',* Datura insignis *et* Cyperus *apportent à cette terrasse le parfum et l'atmosphère d'autres latitudes.*

UNE AMBIANCE DE JUNGLE

Le yucca 'Aloifolia' est la plante qui rappellera le plus l'ambiance tropicale.
Il faut choisir un sujet déjà âgé, donc assez haut, pour que le port de ses feuilles soit vraiment somptueux. Il est évident que le yucca devra être mis à l'abri dès les premiers froids. Tout comme le mandarinier 'Satsuma' qui ne supporte pas la moindre gelée, même si cette variété est l'une des plus résistantes. Avec de la chance, vous pourrez déguster quelques mandarines sans pépin qui pousseront sur votre arbre.

(MAP/F. Strauss)

▲ *Effet d'opulence et de couleurs avec l'abutilon, l'impatiens, la passiflore et le bégonia.*

Contrairement au yucca, il est préférable de choisir un petit sujet, d'environ 1 m de hauteur. Pour l'impression de verdure éclatante, un aralia commun, encore appelé fatsia du Japon, fera merveille. Il faudra toutefois prendre la précaution de ne pas l'exposer en plein soleil, il ne supporterait pas. Dans de bonnes conditions, il peut atteindre 1,50 m de hauteur et autant en largeur.

PRESQUE LA JUNGLE...

A partir de cette composition, vous pouvez ajouter à loisir les fleurs que vous aimez. Pour vraiment occuper l'espace, par exemple, pour avoir le sentiment d'être pris par les plantes, avec seulement une petite trouée donnant sur le ciel, vous pouvez accrocher des suspensions avec des fleurs au port retombant, comme des fuchsias.

(MAP/F. Didillon)

Fatsia du Japon.

VARIATIONS

La composition que nous vous suggérons peut être modifiée à loisir. En réalité, la plus belle terrasse exotique que vous composerez sera celle que vous aurez imaginée, peut-être même en rapportant des idées de vos voyages. Avant d'entreprendre quoi que ce soit, il est nécessaire de se renseigner auprès d'un pépiniériste de votre région. Lui connaît les espèces qui sont les plus résistantes et les mieux adaptées à votre environnement.

(MAP/A. Guerrier)

Datura 'Grand Marnier'.

UNE TERRASSE QUI VOIT ROUGE

Il est parfois intéressant de donner à sa terrasse ou à son balcon une dominante, à condition de bien équilibrer les compositions.

Si vous aimez le rouge, n'ayez surtout pas d'inquiétude : vous avez le choix parmi les plantes fleurissant dans cette couleur. Peut-être même aurez-vous du mal à vous décider tellement il y en a.

JOUER AUSSI AVEC LA LUMIÈRE

Mais avant de vous lancer dans une telle composition, réfléchissez bien à l'aspect qu'elle aura quand les fleurs seront toutes à leur apogée. Le rouge est en effet une couleur chaude qui peut « éblouir » s'il y a une concentration trop importante de plantes. A notre avis, il sera indispensable de jouer avec d'autres couleurs, soit au fond, soit au milieu. Un fond constitué d'un feuillage vert, comme celui du lierre ou de la vigne vierge, soutiendra agréablement la dominante rouge.

ROUGE PROGRESSIF

Faire prendre à votre balcon ou à votre terrasse un ton rouge dominant peut se réaliser au fil des années, progressivement, et donc pas forcément en une seule fois. Il y a deux avantages à cela : d'une part, un coût étalé et, d'autre part, le temps de prendre du recul et de bien imaginer quelle plante ira au bon endroit.

▼ ***Ce pélargonium aux fleurs rouges offre aussi son très beau feuillage comme toile de fond.***

A (MAP/F. Strauss)

De la même façon, des plantes aux fleurs blanches apporteront un équilibre et l'ensemble sera plus agréable à l'œil.
Deux autres facteurs exercent une influence déterminante sur une telle composition : la lumière et les accessoires de décoration. Une exposition plein sud, par exemple, n'est pas idéale, le soleil ayant tendance à tout « écraser » à certaines heures de la journée et à trop illuminer à d'autres moments.
Au nord, au contraire, la lumière n'arrivera pas forcément à faire éclater vos différents rouges. Si votre terrasse, cependant, est orientée de l'une ou de l'autre façon, vous pourrez atténuer ou compenser en fonçant ou, à l'inverse, en éclaircissant vos compositions.
Le mobilier, la balustrade, les pots et les jardinières sont autant d'objets qui, choisis judicieusement, contribueront aussi à l'équilibre. Vous pourrez en effet jouer sur leurs couleurs de la même façon qu'avec les plantes.
Il est bien évident que vous devrez rester dans des teintes proches du rouge, ou alors vous utiliserez le blanc, voire le noir.

POURQUOI PAS DES FRUITS

Sur de nombreux balcons ou terrasses, la plante de couleur rouge que l'on voit le plus souvent est le pélargonium. Elle pourra être la fleur de base de votre composition, mais pour éviter un côté un peu lourd, vous opterez de préférence pour des géraniums-lierres que vous pourrez accrocher à la balustrade. La renouée *(Polygonum)* et la sauge rouge, poussant en épis, donneront de l'élan, de la finesse. Le fuchsia et, encore plus, l'amarante permettront d'occuper l'espace en descendant. Pour allier l'utile à l'agréable, pourquoi ne pas cultiver un ou plusieurs pieds de tomates cerises. Une autre idée, allant dans le même sens, consiste à faire courir le long de la balustrade une mûre sans épine qui donnera d'excellents fruits.
Des petits arbustes choisis parmi ceux qui acceptent de bien pousser en pots, comme le cotonéaster, pourront être intégrés.
A partir de ces quelques plantes, et en fonction des dimensions et des autres possibilités offertes par votre terrasse, nul doute que vous n'aurez aucun mal, si vous aimez être entouré de rouge, à constituer des compositions de rêve.

B (MAP/F. Strauss)

► *Variez les nuances de rouge ; le fuchsia se prête bien à ce jeu-là.*

C (MAP/F. Strauss)

► *Les fleurs n'ont pas l'apanage du rouge, et les tomates, par exemple, donneront à coup sûr bonne mine à votre terrasse.*

UN COIN DE ROCAILLE SUR VOTRE BALCON

Vous rêvez de plantes alpines, mais vous n'avez pas de jardin pour entretenir un petit coin de rocaille. Qu'à cela ne tienne : utilisez votre balcon pour recréer ce petit espace tant désiré.

Pour commencer, choisissez les pots que vous installerez sur le balcon. Ils doivent être différents les uns des autres, c'est ce qui contribuera à donner une allure « montagnarde » à votre petit jardin de rocaille. Les coupes en terre cuite sont idéales pour ce type de construction. Les plantes de rocaille détestant l'humidité stagnante, il est indispensable de bien drainer, par exemple en mettant une couche de graviers au fond de vos récipients. Si votre balcon n'a pas d'évacuation d'eau et que celle-ci tombe chez vos voisins, il est préférable de mettre de petites coupes sous les pots.
Pour ce qui est de la terre, utilisez un mélange de terre de jardin, de sable et de compost en proportions égales.

(MAP/F. Strauss)

▲ *Disposez les pots sur différents niveaux de manière à rendre la composition plus naturelle. Placez-y, comme ici, des variétés telles que campanules, phlox, dianthus....*

RECRÉER L'AMBIANCE

Afin de retrouver une ambiance de rocaille, mettez des galets de formes et de tailles variées entre vos plantations. Les pots devront être placés à des niveaux différents et assez près les uns des autres, de façon à renforcer l'impression de relief et à offrir une vision de masse. Un effet qui sera amplifié par un choix judicieux de vos plants en fonction de leur taille, de la façon dont ils poussent, s'étalent, retombent en cascade, etc.
En ce qui concerne ce choix, et même si les plantes de rocaille ont en général un port peu élevé, il vous faudra opter pour des modèles réduits, adaptés aux dimensions de votre balcon. Si vous êtes vraiment expérimenté, vous pouvez vous lancer dans les véritables plantes alpines, celles qui sont originaires des montagnes et dont l'entretien est souvent difficile, comme certains œillets ou encore des gentianes.

Géranium dalmaticum.

(MAP/F. Strauss)

Mais préférez-leur des plantes beaucoup plus adaptées aux climats autres que montagnards. Là, le choix est immense. Vous sélectionnerez donc vos plantes en fonction de leur beauté mais aussi de leurs dates de floraison, pour avoir une terrasse fleurie le plus longtemps possible. Avec *Helleborus niger,* la rose de Noël, vous aurez de jolies fleurs blanches teintées de rose en hiver. Dès mars ou avril, des variétés naines de phlox, comme *douglasii*, peuvent offrir leurs petites fleurs rouges ou roses. A la même époque, ils pourront rivaliser de beauté avec les primevères. Les géraniums, dont plusieurs variétés sont des fleurs de rocaille, comme *dalmaticum*, arriveront ensuite, en compagnie des campanules, telle *carpatica*, avec ses fleurs bleues qui recouvrent entièrement le feuillage. Il est une plante qui, en plus d'être belle, exhale un parfum inoubliable, ce qui ne gâche pas le plaisir : c'est la lavande. Sur les bordures de vos pots, vous pouvez mettre des plantes tapissantes, comme l'alysse corbeille d'argent, le phlox, mais aussi comme la saxifrage (par exemple *oppositifolia*).

B (MAP/A. Descat)

▲ *Muret et rocaille sont le domaine de* Phlox douglasii, *espèce naine, qui offre une profusion de fleurs.*

PAS A PAS

PAYSAGE MONTAGNARD

Pour créer votre petit jardin de rocaille sur le balcon, il faut avancer avec méthode.

1 - Installez déjà vos pots en jouant sur les niveaux, donc en les choisissant de tailles différentes et en les posant à des hauteurs différentes, mais sans exagérer.

3 - Posez des galets ou d'autres cailloux en essayant de recréer un paysage montagnard en modèle réduit.

2 - Mettez au fond de chacun d'entre eux un lit de gravier et remplissez d'un mélange de terre, de sable et de compost.

4 - Plantez vos fleurs de telle façon qu'elles présentent une harmonie de couleurs pendant la plus grande partie de l'année.

UN REFUGE DANS LA VERDURE

Profitez de la générosité de l'été pour vous créer un véritable refuge au milieu de vos plantes, un lieu de fraîcheur et de détente.

Les heureux possesseurs d'une grande terrasse, dans un appartement en ville, ont la possibilité, surtout pendant l'été, d'oublier l'environnement en se réfugiant derrière leurs plantations. Grâce à la culture de quelques espèces bien choisies, ils pourront se reposer à l'ombre de la végétation, assis tranquillement sur une chaise longue avec un livre à la main. Ils arriveront presque à oublier le bruit de la cité en ayant l'impression d'être dans un coin de verdure qui leur est exclusivement réservé.

UNE TERRASSE VERTE ET PARFUMÉE

Le principe d'une telle composition est d'avoir un grand nombre de plantes, de hauteurs et de ports variés. A la beauté des feuillages et des fleurs, on peut ajouter les senteurs, celles d'un rosier buisson, par exemple, supportant bien la culture en pot. 'Graham Thomas', l'un des plus jolis rosiers anglais, avec ses fleurs jaunes très parfumées, convient parfaitement. Atteignant environ 1 m de hauteur, il présente cet avantage supplémentaire d'être remontant. Bien que préférant en général la pleine terre, vous n'aurez aucune difficulté à trouver un autre rosier de votre choix acceptant d'être cultivé en pot.

(Inside/C. Sarramon)

▲ *Trouver la bonne combinaison de feuillages qui constituera un rempart de fraîcheur et de convivialité : tel est l'enjeu de cette composition.*

(MAP/A. Descat)

LA MAGIE DE L'HORTENSIA

Immuable et toujours aussi séduisant, l'hortensia aura bien sûr sa place sur votre terrasse luxuriante. Il fleurit du début de l'été jusqu'à la fin de l'automne, vient très bien en pot à condition de lui éviter des courants d'air fatals. Ses pompons se déclinent en de multiples teintes, vous ouvrant un bel éventail de choix. Il faudra le planter dans un pot assez grand, d'au moins 30 cm de profondeur et rempli d'un mélange de tourbe, de compost et de terreau.

◄ ***Hortensia et hosta, au feuillage dense, créent des effets de volume « enveloppants ».***

DES ARBUSTES PLEINS DE PANACHE

Il vous faudra ensuite acheter quelques arbustes au feuillage d'un vert soutenu. Préférez des arbustes ayant une très belle coloration à l'automne, ce sera un moyen de prolonger votre plaisir sur la terrasse. Des camélias tardifs, comme 'Spring Festival', vous permettront d'avoir des fleurs jusqu'en mai et des feuilles bien vertes après. Tout comme les rhododendrons, ils apprécient une terre acide et devront donc être cultivés dans une terre de bruyère. L'idéal est de leur offrir une grosse caisse en bois qui, en plus du côté esthétique, permet d'obtenir des niveaux de plantation différents. Dans les premières années, lorsque vos plantes ne seront pas encore très développées, elles atteindront tout de même, grâce à ces caisses, une hauteur respectable qui pourra cacher l'extérieur.

JOUER L'ACCUMULATION

A l'ombre de ces arbustes, il sera possible de cultiver une autre plante donnant, elle aussi, beaucoup de verdure : l'hosta. Plantés dans un grand pot, et en associant plusieurs variétés, les hostas, avec leur feuillage généreux, contribueront à de remarquables effets, comparables à ceux des arbustes. A partir de ces quelques éléments, vous avez ensuite toute latitude pour ajouter les fleurs annuelles ou vivaces que vous aimez. Entre les fuchsias, les lavandes, les hélianthèmes, les phlox et bien d'autres, vous n'aurez que l'embarras du choix.
On relève souvent qu'il ne faut pas confondre décoration et accumulation, mais dans ce cas de figure, et pour obtenir l'effet recherché, à savoir un coin bien à vous au beau milieu de la ville, il faudra tout de même procéder à une certaine « accumulation ».
A vous de l'organiser le mieux possible, comme vous l'entendez. Il n'y a que vous qui en profiterez.

▼ ***L'hélianthème saura toujours trouver sa place.***

(MAP/C. Nichols)

SCULPTEZ LA VÉGÉTATION !

On peut être à la fois jardinier et artiste. La meilleure façon d'exprimer ces deux passions est de se lancer dans l'art topiaire.

(Inside/C. Ternynck)

▲ ***Le buis est l'arbuste idéal pour réaliser des sculptures et s'essayer à l'art topiaire qui donne parfois au jardin une touche baroque.***

À l'origine, ce que l'on appelle l'art topiaire était la façon dont le jardinier réussissait à mettre en forme les végétaux, et notamment les haies, les bordures et tout ce qui fait la beauté des jardins à la française. L'homme de l'art, grâce à son travail, qui s'apparente sans aucun doute à celui d'un artiste, pouvait ainsi jouer sur les perspectives et créer une véritable architecture du jardin.

UN ANIMAL EN BUIS

Aujourd'hui, et même si l'art topiaire reste toujours cette façon géniale de « cultiver » son jardin, il désigne beaucoup plus souvent la mise en forme de végétaux sur des trames métalliques existantes et qui sont vendues dans toutes les jardineries. Vous pouvez exercer cet art dans votre jardin, bien évidemment, mais c'est intéressant de le faire sur votre terrasse, dans des pots. Après avoir acheté une forme en structure métallique, en général du fil de fer, qui représente fréquemment des animaux (poule, lapin...), vous l'installez dans le pot en compagnie de la plante choisie.

(MAPIA Descat)

▲ *La maîtrise progressive de l'outil de coupe vous permettra de passer de la boule toute simple à des formes très élaborées.*

Le buis est le plus utilisé parce qu'il se prête bien à la taille et parce qu'il pousse de façon régulière et pas trop désordonnée. Au début, le buis grandira sans recouvrir totalement l'armature et ça ne ressemblera pas à grand chose, si ce n'est à une plante qui croît normalement dans un pot. Mais, tout au long des années, le port deviendra buissonnant et le « jeu » consistera à faire des tailles régulières (pour le buis, c'est une ou deux fois par an), de telle façon que les rameaux ne dépassent pas les limites de l'armature. Inévitablement, quand la végétation sera devenue dense, et grâce à vos tailles, elle prendra la forme de l'objet que vous aviez choisi au départ.

JEU DE FORMES

Si nous avons utilisé le mot « jeu », ce n'est pas tout à fait par hasard parce que nous pensons que cette technique de jardinage peut ravir les enfants. En tout cas, ça les intéressera sans doute de voir évoluer une plante qui prend la forme d'un animal.
Ils auront eux aussi envie de prendre la cisaille et de faire comme vous.
Cela dit, le véritable art topiaire demande un certain doigté et une maîtrise de l'outil de coupe. Pour le buis, il faudra effectuer une première taille vers le milieu du mois de septembre et une seconde en mai. Nous vous conseillons, pour commencer dans cette nouvelle activité, de choisir une forme pas très haute, d'environ 30 cm. Vous obtiendrez ainsi en trois ou quatre ans une vraie sculpture végétale. Il faut en effet compter une croissance d'une dizaine de centimètres par an, d'où la patience dont ont dû faire preuve les jardiniers de la Renaissance pour obtenir des massifs sculptés de 2 m de hauteur...

CRÉEZ VOS MODÈLES !

Si le buis est la plante idéale, vous pouvez aussi vous exercer sur des arbustes à la croissance beaucoup plus rapide et qui acceptent bien la taille, comme les lauriers. Mais vous constaterez rapidement qu'ils ne présentent pas le même intérêt esthétique.
Lorsque vous maîtriserez parfaitement la technique et si vous avez, en plus de votre passion pour le jardinage, une âme d'artiste, il ne vous restera plus qu'à inventer et à créer vous-même des formes. Là, vous retrouverez l'essence même de cet art, celui des jardiniers-sculpteurs.

PAS A PAS

UN LAPIN DE BUIS AU JARDIN

Il suffit d'une structure métallique, de deux pieds de buis et d'un peu de patience pour réaliser votre topiaire.

1 - Achetez la structure métallique qui satisfait aux exigences de votre espace et à vos goûts. Fixez-la dans un pots où vous aurez au préalable planté 2 pieds de buis et laissez les plantes grandir.

2 - En poussant, le buis va recouvrir la structure métallique. Taillez alors l'ensemble en suivant les formes du modèle pour faire appaître votre lapin de buis. Chaque année, en mai et en septembre, vous ajusterez la coupe.

(Illustrations : Steen)

DES FEUILLAGES SANS ENTRETIEN

Ce n'est pas parce que nous sommes toujours pressés que nous ne pouvons avoir sur notre terrasse quelques plantes pour égayer nos rares moments de temps libre. Bien des espèces nous facilitent la tâche.

Plutôt que de fleurir leurs balcons et leurs terrasses, certains jardiniers préfèrent y cultiver des arbustes. Cela présente bon nombre d'avantages. Celui, par exemple, d'avoir de la verdure toute l'année, dès lors que l'on choisit bien ses végétaux ou bien, encore, de passer moins de temps à s'occuper de ses plantes !

PENSER A L'HARMONIE DES FORMES

Si vous décidez de décorer votre terrasse avec des arbustes, il est une chose que vous ne devez pas perdre de vue, et c'est même un but à se fixer : obtenir l'harmonie de cet espace. La taille des végétaux, leur forme et la couleur de leur feuillage doivent être bien prises en compte. Pour cela, les différents sujets auront été étudiés au préalable sur catalogue ou chez un pépiniériste. Deux plantes placées côte à côte dans leur jeunesse seront en parfait équilibre ; à l'âge adulte, elles disparaîtront peut-être complètement l'une derrière l'autre. Lorsque vous aurez bien réfléchi à cet aspect, il vous restera à faire un choix d'espèces en fonction de la taille de votre terrasse, du climat de votre région et de vos goûts personnels. Par conséquent, nous ne pouvons ici que citer des espèces qui se plaisent dans ce type de culture, les combinaisons entre elles étant multiples.

A (MAP/F. Strauss)

▲ *Forme, couleur et développement des arbustes, climat et dimensions de la terrasse, constituent les points essentiels à retenir lorsque vous organisez votre « espace » vert.*

LES FLEURIS SANS PEINE

Dans l'hypothèse où le critère déterminant pour une culture d'arbustes en terrasse n'est pas la volonté de ne pas avoir de fleurs, mais seulement un manque de temps pour s'en occuper, il est possible de planter quelques espèces à fleur très peu gourmandes en soins. C'est le cas notamment du camélia, du weigélia et de l'althéa.

B (MAP/Noun)

▲ *C'est autour des buis et de leur couleur persistante que s'orchestre la partition de cette terrasse avec notamment la julienne, le fenouil bronze et la sauge.*

LE BUIS ET LE FUSAIN

Si vous aimez le buis, vous serez étonné par son acclimatation en pot, notamment pour le cultivar 'Elegantissima' qui ne dépasse pas 2 m de hauteur. Il pousse presque tout seul en boule et son feuillage marbré de blanc est un plaisir pour l'œil. Vous pourrez cependant le modeler comme vous l'entendez en procédant à deux tailles annuelles, la première en été, la seconde en automne. Outre ces soins indispensables, le buis n'est vraiment pas exigeant. Un autre arbuste mérite une attention particulière, d'une part parce qu'il n'est pas très répandu et d'autre part car il est vraiment superbe : c'est le fusain. Que ce soit le fusain d'Europe *(Euonymus europaeus)* ou le fusain du Japon *(Euonymus japonica)* – à réserver plutôt aux climats doux –, c'est un arbuste résistant qui, lui aussi, ne demande pas beaucoup de temps au jardinier.

LE LAURIER-TIN AU SOLEIL

Si vous optez pour un laurier-tin, choisissez une variété naine. Elle ne fleurira pas, mais c'est quasiment la seule à apprécier la culture en pot. Même si sa hauteur ne dépasse pas une cinquantaine de centimètres, vous apprécierez la belle coloration rouge de son feuillage en automne. Cet arbuste est à proscrire si votre terrasse n'est pas suffisamment exposée au soleil, l'une des seules exigences du laurier-tin. Buis, fusain, laurier-tin, toutes ces espèces sont persistantes, ce qui accroît leur intérêt. Profiter de leur feuillage toute l'année en ne leur accordant qu'un minimum de temps, avouez qu'il est difficile de rêver mieux.

C (Inside/D.Willery)

▲ ***Le fusain du Japon*** **(Euonymus japonica)** ***apporte la lumière de son feuillage bordé d'or.***

DES ARÔMES AU BALCON

Quelle que soit la place dont vous disposez, il ne faut surtout pas vous priver des plantes aromatiques si peu avares de leurs senteurs.

N'enviez plus les possesseurs d'un jardin, vous qui n'avez qu'un tout petit balcon ou même seulement des rebords de fenêtres. Cela suffit pour y déposer quelques pots dans lesquels vous cultiverez les principales herbes aromatiques, celles dont vous raffolez.

DES SAVEURS POUR LE PLAISIR

Pour faire une tisane ou pour relever un plat de viande ou une salade, vous apprécierez d'avoir à portée de la main la plante culinaire de votre choix. Rien ne vaut, en effet, une plante cueillie au dernier moment : elle dégage toutes ses saveurs qui ne sont pas perdues sur les étals des commerçants ou dans le camions frigorifiques. Comme la plupart d'entre elles acceptent volontiers d'être cultivées en pot, il serait vraiment dommage de vous priver de ce plaisir que vous pourrez partager avec vos amis. Si vous n'avez que peu de place, vous devrez leur réserver la quasi-totalité de l'espace dont vous disposez. Sur un grand balcon ou une grande terrasse, seul un coin pourra être consacré à la culture de ces herbes. Quelle que soit la formule retenue, il vous faudra jouer aussi sur leur aspect esthétique, en choisissant de faire des compositions qui, en plus du côté agréable des senteurs, seront harmonieuses pour l'œil.

A (MAP/C. Nichols)

▲ *Géométrie de rigueur pour ce carré de plantes condimentaires qui laisse à chaque espèce une bonne place et qui ne demande qu'un entretien minimum pour se développer.*

LES PLANTES DE BASE

En tenant compte du fait qu'elles réussissent bien en pot, on peut citer : le persil, la ciboulette, le basilic, le thym, la camomille, la verveine, la menthe… Déjà, avec une telle gamme, vous avez de quoi garnir plus d'un plat. Cependant, vous pourrez multiplier à l'envi les espèces en fonction de vos besoins ou de vos trouvailles.

EN POT OU EN JARDINIÈRE

Si vous avez la possibilité, vous préférerez installer chaque plante dans un pot différent. Cela vous permettra de les choisir de couleurs et de tailles différentes, ce qui constituera déjà une base de décoration. Rappelez-vous que pour les compositions, il est important de jouer sur les couleurs et les volumes. Un pied de basilic, par exemple, n'a pas besoin d'un contenant très grand, alors que la menthe ou la verveine s'exprimera mieux dans un pot d'une vingtaine de centimètres de diamètre et de hauteur.
Si, en revanche, vous ne possédez qu'un rebord de fenêtre, vous pourrez très bien vous livrer à votre passion en cultivant plusieurs plantes dans une grande jardinière, qui fera pratiquement toute la largeur de la fenêtre.

TAILLER RÉGULIÈREMENT

Pour que les herbes aromatiques ne deviennent pas envahissantes, il faudra les tailler régulièrement, si possible quand vous en avez besoin mais, si tel n'est pas le cas, il sera tout de même impératif de prélever des tiges avec un petit ciseau.
Sinon, elles risquent de s'enchevêtrer et de se nuire mutuellement. De même, il est important d'arroser régulièrement pour assurer une bonne croissance aux plantes. Ce seront à peu près les seuls soins que vous aurez à leur prodiguer.
Avouez que le jeu en vaut la chandelle.

PAS A PAS

UNE BELLE JARDINIÈRE

Chacun agira en fonction de ses goûts et de ses possibilités, mais voici une idée de jardinière d'aromatiques.

1 - Dans une jardinière de 1 m de longueur et de 25 cm de largeur et de profondeur, plantez un pied de basilic à une extrémité et un de camomille à l'autre.

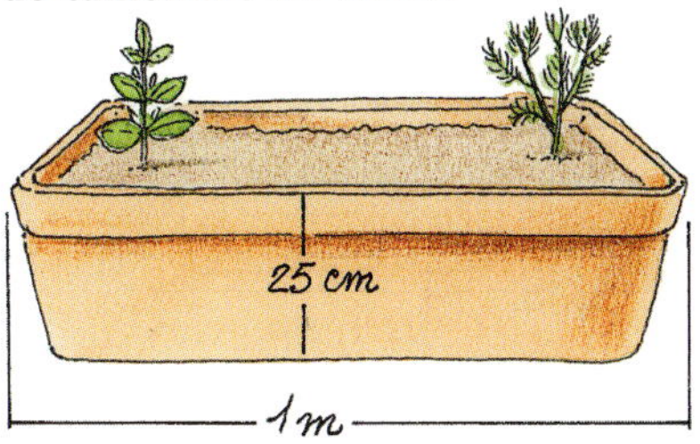

2 - A côté de la camomille, à 20 cm, plantez un pied de thym de Corse qui a une hauteur d'environ 5 cm.

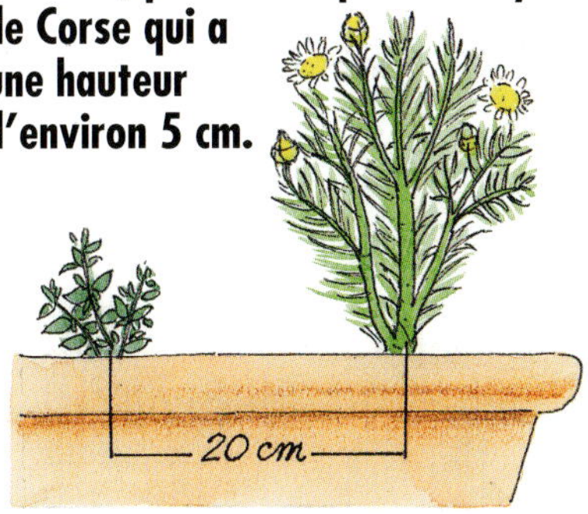

**3 - A 20 cm encore, et en bordure de jardinière, plantez d'un côté un pied de persil et de l'autre un pied de ciboulette.
Un pied de menthe et un de sarriette compléteront la composition.**

1 - Basilic
2 - Camomille
3 - Thym de Corse
4 - Persil
5 - Ciboulette
6 - Menthe
7 - Sarriette

(Illustrations : Steen)

B (MAP/F. Strauss)

► ***Sauge, thym, marjolaine, parfument ici la terrasse dans une belle harmonie de feuillages.***

PARFUMEZ VOTRE TERRASSE

C'est dans le courant de l'automne que se préparent les plantations qui embaumeront votre terrasse dès l'arrivée des beaux jours.

Quand revient le temps de l'automne, terrasses et balcons prennent leurs habits d'hiver, c'est alors le moment de préparer la floraison des beaux jours. Outre la préparation des plantations, c'est le moment de réfléchir à la meilleure association que vous pourrez réaliser dans quelques mois.

DES HERBES ODORANTES

Avant même de penser à des fleurs, n'oubliez surtout pas les herbes odorantes, comme la menthe, que vous planterez en automne ou au tout début du printemps. Un pot suffit, à condition d'être assez grand, parce que cette plante vivace a tendance à s'étendre.
A planter à la même époque : la lavande, dans les mêmes conditions, en choisissant bien une variété qui dégage un réel parfum et non pas un cultivar dénaturé qui ressemble physiquement à la lavande mais qui n'en a pas les charmes odorants. Voilà donc deux exemples de plantes mais vous n'êtes pas obligé de vous limiter à ce choix. Le thym, le laurier, le romarin... il y en a pour tous les goûts.

(MAPIN. et P. Mioulane)

► *Sauge, lavande, thym ... les plantes aromatiques mêleront subtilement leurs senteurs à la beauté des fleurs.*

SENTEUR DES FLEURS

Dans le domaine des plantes fleuries, vous aurez également l'embarras du choix. Pensez par exemple aux œillets, qui se plantent eux aussi en automne ou au printemps. Même chose pour le muguet qui arrive avec bonheur vers les mois d'avril-mai. Une petite jardinière de cette fleur aux clochettes blanches donne envie d'y pencher le nez régulièrement.
Les jacinthes exhaleront leur parfum les soirs de printemps. Quelques bulbes dans une jardinière créeront un décor embaumant. Elles seront parmi les premières à faire leur apparition, d'où l'importance de planter leurs bulbes dès le mois de septembre. Même chose pour les narcisses à forcer, spécialisés pour les cultures d'intérieur ou de terrasses. Ils sentent bons eux aussi et, plantés dès septembre, fleuriront à partir de février-mars.
Pour une floraison plus prolongée, du printemps à l'automne, choisissez une autre vivace classique : la violette odorante, que vous mettrez en place à l'automne, en pot ou en jardinière.

(MAP/Y. Monel)

Touffe de romarin (Rosmarinus officinalis).

DES GOÛTS ET DES PARFUMS

Ces quelques exemples, parmi une multitude de plantes aux parfums très différents, peuvent être combinés. Cela signifie que vous pouvez faire des associations dans les mêmes contenants, ou bien des rapprochements physiques des pots, en fonction de la compatibilité des parfums. Il ne faut pas que l'un l'emporte sur l'autre ou bien le dénature complètement. C'est à chacun d'opter en fonction de ses goûts. L'expérience est souvent précieuse et il est quasiment impossible de donner un conseil incontestable en la matière.
Il y a un si grand nombre de facteurs qui entrent en jeu dans la façon de percevoir les odeurs que, seul, le jardinier saura choisir quelles associations le satisferont le plus.
L'idéal, quand on ne possède pas en mémoire le parfum d'une plante (et la mémoire, dans ce domaine, est souvent celle que l'on a le moins développée) est d'aller chez un fleuriste ou un pépiniériste pour se faire une idée.

PAS DE PANIQUE !
Si vous avez oublié de faire vos plantations en septembre-octobre, il est encore temps de le faire en novembre pour les vivaces et les bulbeuses.
Les plantes de bonne qualité, achetées chez un pépiniériste sérieux, ne seront pas pénalisées par ce retard.

(MAP/F. Strauss)

Jacinthes (Hyacinthus orientalis).

(MAP/N. et P. Mioulane)

Œillets mignardises en mélange (Dianthus barbatus).

UN POTAGER SUR LE BALCON

Si vous habitez en appartement et que vous vous sentez une âme de jardinier, ne vous désespérez pas : cultivez des légumes sur votre balcon.

Il est toujours un peu dommage de voir des jardiniers en puissance être privés de leur loisir favori parce qu'ils n'ont pas la chance de posséder un jardin. Cette privation peut cependant être comblée dès lors que l'on possède une terrasse ou un balcon suffisamment bien exposé. Avec un peu d'imagination, on arrive en effet à se constituer un petit potager qui, certes, ne nourrira sans doute pas la famille pendant des mois, mais qui donnera tout de même un peu de plaisir, celui de manger les légumes que l'on aura cultivés soi-même.

(Inside/ C. DeVirieu)

▲ ***Fruits, légumes et fleurs font bon ménage sur une terrasse ou un balcon créant un univers de formes, de couleurs et, en plus, de saveurs !***

▼ ***Choux verts, choux rouges et choux-fleurs en version mini-légumes : ils gardent intactes toutes leurs qualités nutritives et gustatives.***

(MAP/Fred Lamarque)

LES MINI-LÉGUMES

Ce n'est pas compliqué du tout. Il suffit d'y penser et... de s'organiser. Tout comme dans le jardin, dans une jardinière, l'un des premiers légumes à semer est le radis, au mois de mars. De quinze jours à trois semaines plus tard, vous éprouverez un réel plaisir à les mettre dans votre assiette. A la même époque, vous sèmerez des graines de tomates cerises ou de tomates poires, rouges ou jaunes, dans un pot rempli d'un mélange de terreau et de sable. Là, vous attendrez un peu plus longtemps pour les déguster. Il faudra d'abord les transplanter lorsqu'elles auront atteint une dizaine de centimètres de hauteur. Vous mettrez trois ou quatre plants dans votre jardinière, selon sa grandeur, et si vous arrosez régulièrement, vous étonnerez vos amis en été.

(MAP/ F.Strauss)

▲ *Des plants d'aubergine sont entourés ici d'un ensemble condimentaire.*

Les possibilités sont très vastes de cultiver les plantes que vous aimez. Il existe aujourd'hui de nombreuses variétés de légumes nains, dont la saveur vaut largement celle des « géants ». Ainsi, vous trouverez chez tous les bons grainetiers des mini-salades, des mini-carottes, des mini-navets, des mini-poireaux, des mini-oignons... Il y a largement de quoi faire de bonnes soupes.

MÊME DES FRUITS !

Il est bien évident que vous n'oublierez pas de réserver un peu d'espace à vos bonnes herbes : pour le plaisir du nez lorsqu'elles seront dans les pots, et pour le plaisir du palais quand elles accompagneront vos petits légumes.

Reste le plaisir des yeux. Et si vos légumes ne vous suffisent pas, n'hésitez pas à vous lancer également dans la culture d'arbres fruitiers. Tout comme les légumes, il existe une grande variété de fruitiers nains, de 1,50 à 2 m de hauteur, donnant d'excellents fruits, que ce soit des pommiers, des poiriers, des pêchers... Parfaitement étudiés pour les cultures sur des terrasses, ils demandent même bien souvent moins de soins que pour les arbres poussant en verger. Avec eux, vous profiterez en plus de leur floraison qui constitue toujours un véritable enchantement. Si vous avec la chance d'habiter une région chaude, ou bien si vous êtes très attentif à leur croissance, en leur évitant le moindre froid, vous pourrez même « oser » la culture de fruits plus exotiques, comme les mandarines ou les citrons.

SANS OUBLIER LES FLEURS

Si vous avez décidé de dédier votre terrasse à la cuisine, n'oubliez pas, en plus des légumes et des fruits, de planter des fleurs qui agrémenteront vos plats, et notamment vos salades. La capucine naine est la fleur idéale à cultiver à cet endroit. Ses fleurs décoratives sont excellentes à manger. Tout comme celles de la courgette dont il existe également des variétés naines.

(MAP/N. et P. Mioulane)

▲ *Dans cette jardinière tomates et salades poussent côte à côte. Si la récolte reste à l'échelle du contenant, le plaisir à récolter est toujours très grand.*

(MAP/N. et P. Mioulane)

▲ *Batavia, carottes et tomates, avant d'être dégustées, jouent avec bonheur le rôle de plantes ornementales.*

Aménager terrasses et balcons

LA VIE SUR LA TERRASSE

Votre terrasse sera un lieu d'autant plus agréable à vivre que vous l'aurez décorée avec des plantes au milieu desquelles vous évoluerez librement.

Lorsque l'on conçoit sa terrasse, l'un des buts que l'on peut chercher à atteindre est de pouvoir y séjourner le plus souvent possible. Dans le Midi, il n'y a pas trop de soucis, sauf celui de prévoir une protection contre le soleil. Peu importe, en revanche, la structure qui entourera votre terrasse. Dans la plupart des cas, d'ailleurs, il n'y aura besoin de rien d'autre que des plantes.
A l'inverse, dans les régions où le soleil ne brille pas aussi souvent et, encore plus, dans celles où il gèle fréquemment, il faudra avant tout penser à la protection de votre terrasse. Cela ira du simple rideau en bambou à la véranda la plus sophistiquée. Le premier pourra être utilisé pour protéger des vents, la seconde sera une véritable carapace destinée à lutter contre le froid intense.

UN CONSEIL

Si vous faites construire ou rénover votre maison et que vous n'avez pas les moyens, à ce moment précis, de construire une terrasse bien abrité, soyez tout de même prévoyant. Faites arriver tous les branchements nécessaires (électricité, eau, chauffage...) à l'endroit où vous avez l'intention de la construire. Quand ce sera possible, vous n'aurez plus qu'à vous connecter sans être obligé de faire d'autres travaux.

A (MAP/F. Strauss)

▲ *La terrasse, il faut l'aménager pour s'y sentir bien et aussi y circuler sans difficulté.*

SE PROTÉGER DU SOLEIL

Si votre souhait est de faire de votre terrasse une vraie pièce supplémentaire, où vous pourrez manger ou bien vous reposer, malgré les frimas, vous serez obligé de choisir un système d'ouverture de la véranda. En effet, même dans les régions aux climats les plus rigoureux, nos étés sont parfois chauds. En tout cas, nulle part en France on ne peut rester en plein soleil derrière une baie vitrée au mois d'août. L'idéal est donc d'opter pour une véranda aux vitres coulissantes, que ce système soit manuel, électrique ou automatisé en fonction de la température. Pour la mi-saison, il est bon de prévoir des stores da façon à être protégé du soleil mais, en même temps, de rester à l'abri. Votre choix étant fait, il vous restera à trouver les plantes les mieux adaptées à votre situation. Nous ne nous étendrons pas sur les cas des terrasses ouvertes car il faut raisonner dans les mêmes termes que pour un jardin. Nous allons plutôt examiner les possibilités offertes par les terrasses couvertes car il est beaucoup plus difficile de maintenir en toute saison les plantes qui y seront cultivées.

B (Inside/J. P. Godeaut)

▲ *L'abri pour les outils ou tout autre objet utile à la terrasse participe à l'atmosphère du lieu : chaleureux, confortable et ouvert. Paysagiste Patrick Divert.*

▼ *Cette construction métallique recevra les stores indispensables les jours de grand soleil.*

C (Inside/W. Waldron)

DES PLANTES POUR VÉRANDA

En fait, ce qui semble le mieux adapté à ce type de pièce, c'est de cultiver en hiver des plantes d'intérieur, vertes ou fleuries, et, l'été, les plantes traditionnelles de terrasses et balcons.
Dans le premier cas, et comme vous le feriez pour n'importe quelle autre plante d'intérieur, vous laisserez vos pots quand les vitres seront ouvertes : ainsi, les plantes prendront l'air. Si certaines d'entre elles, cependant, sont très fragiles, il est peut-être préférable de les rentrer à la maison et d'attendre le plein été pour les sortir. Pour ce qui est des plantes d'été (par exemple les pélargoniums), vous les entreposerez dans une pièce non chauffée de la maison en hiver. Attention, toutefois, si vous vous absentez en été : prenez soin de retirer les plantes de cette pièce qui se transformera en étuve si elle n'est pas ouverte régulièrement.

TERRASSE : UN SALON EN EXTÉRIEUR

A la belle saison, il est bien agréable de disposer d'un coin de verdure où prendre ses repas et un peu de repos, avec la famille ou ses amis.

Coincé entre des immeubles en ville, mais avec la chance de disposer d'une grande terrasse, vous pouvez créer un très joli coin de verdure, un havre de paix où vous aimerez recevoir vos amis ou, tout simplement, vous détendre en famille. Il vous suffit de transformer ce lieu en un véritable salon de verdure. Même chose si vous habitez en maison individuelle, et vous aurez un choix encore plus grand de plantes.

TOUT POUR LE CONFORT

Comme tout agencement de terrasse, la première chose à faire est de bien réfléchir à l'organisation de l'espace. Il ne s'agit surtout pas de fleurir la terrasse à outrance. Décoration et accumulation sont deux mots qui ne font pas souvent bon ménage. De plus, c'est un lieu de passage qu'il ne faut pas bloquer, vous atteindriez le but opposé à celui recherché. Il ne serait pas très agréable, non plus, d'être mal installé, d'être obligé de se plier en deux pour se frayer un passage ou bien de se contorsionner lorsque l'on est à table parce que des branches ou des fleurs viennent vous chatouiller. C'est un endroit de plaisir, pas de torture.

(MAP/F. Strauss)

▲ *Choisissez les fleurs et arbustes que vous aimez, dahlia, rudbeckia... et créez ainsi un lieu de convivialité et de détente sur votre terrasse.*

(MAP/Arnaud Descat)

▲ *Laurier-rose.*

CHAQUE PLANTE A SA PLACE

Il est donc important d'imaginer quelle place occuperont les plantes lorsqu'elles seront en pleine floraison et, surtout, lorsqu'elles auront atteint leur âge adulte. Si vous destinez votre terrasse à n'être qu'un coin repos, ce n'est pas un handicap d'opter pour des fleurs très parfumées. Ce peut en être un, en revanche, si vous y prenez vos repas. Tous les cuisiniers et les sommeliers vous diront que des effluves de parfum ou de fleurs, trop prononcés sont préjudiciables aux vins et aux mets. Il faut savoir aussi que certaines personnes sont incommodées par des parfums de fleurs envahissants, comme peut l'être celui de la glycine.

PRINCIPES DE DÉCORATION

La glycine, de toute façon, ne peut être envisagée que si vous possédez une terrasse de plain-pied. Si vous avez cette chance, elle peut être un élément essentiel de la décoration, à condition de bien la conduire, par exemple en construisant une structure de bois au-dessus de la terrasse.

(MAP/Arnaud Descat)

▲ *Magnolia.*

Dans tous les cas de figure, il est à notre avis préférable de fleurir les pourtours de la terrasse, en laissant libre un espace assez grand, au centre, où vous installerez une table et des chaises. Sauf à disposer d'un espace vraiment très étendu, ce qui est tout de même rarement le cas, vous serez donc très proche des plantes. Vous pourrez par ailleurs disposer quelques fauteuils ou des relax plus « encastrés » dans la verdure et bénéficiant, par exemple, de l'ombre qu'elle prodigue.

LES VARIÉTÉS ADOPTÉES

Pour ce qui est du choix à proprement parler, il se fera en fonction, bien évidemment, de vos goûts, mais aussi par rapport à l'exposition de votre terrasse. Le magnolia à fleurs de lis, par exemple, est idéal à condition que le vent ne souffle pas trop. Planté dans un grand pot, arrosé souvent en période sèche, ses magnifiques fleurs blanches et pourpres sont un réel plaisir pour l'œil. Un autre arbuste, à peu près de la même taille, environ 2 m de hauteur, fleurira juste après le magnolia, à partir de juin : il s'agit du laurier-rose. A côté de ces petits arbres, vous pourrez cultiver toutes les vivaces ou les annuelles que vous souhaitez et que vous aimez. L'œillet d'Inde, la lavande contribueront ainsi à apporter la beauté et les senteurs que vous désirez offrir à vos amis.

▼ ***Selon la vocation de votre terrasse, coin repos ou coin repas, vous opterez ou pas pour des espèces parfumées.***

(MAP)

QUEL REVÊTEMENT DE SOL CHOISIR ?

Dans une terrasse fleurie, le revêtement du sol est incontestablement un élément important du décor. Il faut donc le choisir judicieusement.

Lorsque vous aménagez dans un appartement ou une maison et que vous souhaitez transformer votre terrasse en véritable jardin, il vous faut presque toujours penser à la nature du sol qui accueillera vos plantes. Généralement, le sol de votre terrasse est en effet en béton et ce n'est pas forcément le matériau le mieux adapté à votre passion.

PRUDENCE DANS LES LOCATIONS

Cela ne signifie pas que vous ne pourrez pas cultiver, l'appréciation que nous venons de porter ne concernant que l'aspect esthétique. Si vous êtes locataire, il vous sera difficile de changer la nature de ce béton. Si, en revanche, vous êtes propriétaire, et si vous ne voulez pas faire trop de frais, il vous sera possible de le peindre. Il existe des peintures plastifiées, robustes pour les sols, ne souffrant pas de l'eau qui, inévitablement, coulera dessus. Si vous êtes locataire, même pour cet aménagement mineur, il est conseillé de demander l'autorisation à votre propriétaire avant de vous lancer dans les travaux.

A (Inside/C. Sarramon)

► *Terrasse d'appartement ou de maison, balcon, le sol y joue un rôle majeur dans l'ambiance que vous allez créer, comme ici ces carreaux en camaïeu d'ocre pâle.*

B (MAP/N. et P. Mioulane)

▲ ***Outre son caractère chaleureux, le bois posé sur le sol offre l'avantage de pouvoir être retiré si vous quittez votre résidence.***

De la même manière, vous solliciterez l'avis de votre propriétaire si vous souhaitez poser un carrelage sur la terrasse. Il y a peu de risque qu'il vous refuse l'autorisation, sauf si les carreaux que vous avez choisis ne lui plaisent pas. Ou bien si leur poids est tel qu'ils peuvent surcharger la terrasse. Mais cette situation est tout de même rare. Il en existe une gamme très étendue, allant de la dalle plastique au carreau de grès. Dans tous les cas, vous choisirez bien évidemment des carreaux étudiés pour l'extérieur.

LA CHALEUR DU BOIS

Un autre matériau se prête particulièrement bien au dallage de votre terrasse : c'est le bois. D'un aspect chaleureux, exprimant une sensation naturelle, il est aujourd'hui vendu sous une multitude de formes et vous trouverez forcément celle qui convient à votre cas particulier. De plus, dans une location, vous pourrez retirer votre carrelage de bois si, un jour, vous êtes amené à quitter votre appartement. Quelle que soit votre situation, si vous optez pour ce type de revêtement, choisissez des bois traités qui résisteront longtemps à une exposition aux intempéries. Sachez aussi que cette formule ne sera pas la moins coûteuse, bien au contraire. Le bois, surtout lorsqu'il est de bonne qualité et préparé correctement, est malheureusement cher.
Cela dit, si la surface de votre terrasse n'est pas gigantesque, vous ne vous ruinerez pas avec un tel revêtement.
Il ne faut pas cacher qu'un dallage ou un lattis présentent quelques inconvénients. Régulièrement, en effet, vous devrez le retirer pour nettoyer le sol sur lequel n'auront pas manqué de tomber de la terre, des feuilles mortes...

C (MAP/F. Strauss)

▲ ***La gamme des carreaux spécialement conçus pour l'extérieur est des plus vastes.***

SOL ET JARDINIÈRES EN HARMONIE

Lorsque vous vous serez déterminé pour tel ou tel revêtement, il vous faudra commencer la composition de votre terrasse. Celle-ci devra bien sûr être en harmonie. Vous devrez donc choisir des pots et jardinières qui ne choquent pas avec le matériau du sol. Évitez ainsi de mettre des contenants en béton sur un caillebotis. Mais c'est une question de bon sens et chaque jardinier fera pour le mieux en fonction de ses goûts personnels.

LA CHALEUR DU BOIS

Malgré l'apparition d'une multitude de nouveaux matériaux, le bois reste un élément essentiel de décoration pour sa beauté et sa douceur.

Le bois est un matériau de décoration d'autant plus prisé que les spécialistes ont diversifié leur offre.
Pour recouvrir le sol de votre terrasse de matériaux en bois, les possibilités ne manquent pas et vous en trouverez qui seront adaptés à la fois à vos besoins et à votre budget.

PLANCHER OU CAILLEBOTIS

Dans un premier temps, il vous faudra choisir entre le caillebotis et le plancher. Le premier se pose très facilement sur une dalle de béton. On peut même le poser sur d'autres matériaux à condition que la surface soit bien plane. L'idéal reste cependant la dalle bétonnée. Il s'agit en réalité de « pavés de parquets », de tailles et de formes diverses : carrée, hexagonale, rectangulaire... Les matériaux dans lesquels ces pavés sont fabriqués offrent un certain choix, tout en sachant qu'on trouve le plus fréquemment du pin ou du bois exotique. Dans tous les cas, vous veillerez à ce que ce bois ait été bien traité, même si le coût vous paraît un peu plus élevé. Autre possibilité pour avoir un sol recouvert de bois : le plancher. Là, vous aurez encore beaucoup plus de choix, l'échelle des prix pouvant aller de 1 à 6 environ. Quant aux possibilités qu'offre un plancher, elles sont également plus étendues puisqu'il permet, par exemple, de recouvrir sans problème des surfaces un peu biscornues. Et puis, d'un point de vue esthétique, on peut préférer l'allure qu'aura un plancher avec ses grandes lames.

▼ *Quoi de plus naturel que l'alliance du bois, des fleurs et des plantes ? L'atmosphère ainsi créée sur la terrasse incite à y rester.*

A (Inside/J. P. Godeaut)

Pour ce qui est de la pose, là encore vous aurez le choix entre faire appel à un spécialiste ou bien la réaliser vous-même. Ce n'est pas une opération hors de portée des bricoleurs du dimanche : il faut seulement avancer de façon méthodique et calmement. Le principe est de visser les lames sur des chevrons, mais, contrairement à un plancher d'intérieur, vous devrez laisser un petit jour d'environ 5 mm entre chaque lame, de façon à ce que l'eau puisse s'écouler.

UN ENTRETIEN ADAPTÉ

Quelle que soit la nature de votre revêtement en bois, il faudra l'entretenir un minimum. Ainsi, si vous lavez régulièrement votre terrasse, vous risquez de voir cette humidité favoriser l'apparition de champignons ou de mousses qui, en plus d'endommager votre sol, pourront le rendre terriblement glissant.

B (Inside/Home)

▲ *Au-delà du sol même, vous pourrez choisir décor et mobilier en bois.*

Il est donc indispensable d'appliquer régulièrement des traitements empêchant ce genre de désagrément. Les fabricants les plus sérieux dans le domaine sauront vous donner d'utiles conseils pour faire durer le plus longtemps possible, et dans de bonnes conditions, votre sol. Sachez que certains d'entre eux, sûrs de leur savoir-faire, n'hésitent pas à garantir leurs bois de dix à vingt ans.

C (Inside/G. Bouchet)

▲ *Entre les lames de bois, vous laisserez un petit espace afin de permettre à l'eau de s'évacuer.*

UN DÉCOR TOUT EN BOIS

Ce qui est intéressant avec le bois c'est que l'on peut créer des reliefs, constituant de véritables décors. Outre le plancher, on peut effectivement construire de petites estrades, des marches d'escalier et même entourer la terrasse d'un muret de bois. Inutile de préciser qu'une telle décoration (que l'on peut réaliser à son rythme et selon ses moyens) recevra avec grand bonheur toutes vos plantes. Elle saura les mettre en valeur.

UN BEL ÉCLAIRAGE POUR VOTRE TERRASSE

L'éclairage de la terrasse est un aménagement sans doute aussi important que les plantes que vous y cultivez. Pensez à vos dîners d'été !

Une terrasse dans une maison est à la fois un élément de décoration et un lieu à vivre. Il est en effet très agréable, en été, de pouvoir prendre l'apéritif et même déjeuner ou dîner sur la terrasse. Cela est possible et sera d'autant plus confortable que vous aurez installé un système d'éclairage adéquat.

UNE INSTALLATION BIEN PROTÉGÉE

Si vous avez quelque compétence en matière d'électricité, vous réussirez sans peine à faire vous-même cette installation. Dans le cas contraire, faites appel à un électricien qui saura respecter à la lettre les normes imposées. D'ailleurs, vous devrez bien vous renseigner auprès d'organismes habilités avant de commencer vos travaux.

A (MAP/C. Nichols)

► *L'éclairage modifie la perception de l'espace et vous pourrez vraiment créer grâce à lui l'atmosphère que vous aimez.*

LA MAGIE DU PROJECTEUR

Des sources lumineuses bien placées, notamment en hauteur, provoqueront d'étonnants jeux d'ombre et de lumière sur les végétaux. Un petit projecteur judicieusement déposé sur le sol et orienté vers le haut donnera des formes incroyables à vos plantes. Pour le plus grand bonheur de vos enfants qui seront transportés dans un univers merveilleux.

Ils vous indiqueront quels matériaux vous avez le droit d'utiliser et dans quelles conditions, ainsi que les contraintes auxquelles vous êtes soumis. Donc, pour un bricoleur moyen, il sera très facile de tirer une ligne électrique à partir du tableau principal. L'idéal est bien sûr de l'encastrer dans le mur et/ou, dans la mesure du possible, de la faire au maximum passer dans les combles. Vous prévoirez même deux lignes : l'une pour les lampes, l'autre pour les prises de courant. Les deux lignes devront être impérativement reliées à la terre. Les interrupteurs installés à l'intérieur (qui permettent donc d'éclairer la terrasse avant de sortir) seront des interrupteurs classiques alors que ceux de l'extérieur (si vous souhaitez, par exemple, avoir un va-et-vient) devront être protégés de la pluie et, plus généralement, de l'humidité. Tout comme les prises qui auront obligatoirement un petit clapet permettant de les obstruer.

LA TERRASSE MISE EN VALEUR

Pour ce qui est des sources lumineuses, vous n'aurez que l'embarras du choix dans les jardineries ou les magasins spécialisés en électricité. Cela ira du lampadaire classique, que l'on accroche au plafond (si vous en avez un sur votre terrasse...) ou au mur, à la borne lumineuse la plus sophistiquée, en passant par le projecteur. Deux soucis essentiels devront vous guider dans votre choix, hormis le critère de qualité qui devra être privilégié : l'aspect esthétique de ces accessoires et leur efficacité. Outre la lumière qu'ils devront vous apporter, ils sauront aussi mettre en valeur les plantes que vous cultivez sur la terrasse. En règle général, avant de cultiver votre terrasse, il est conseillé de bien tenir compte de la lumière pour jouer avec. Il en sera de même avec l'installation électrique de la terrasse.

B (MAP/C. Nichols)

▲ *En matière d'éclairage, les principes de sécurité doivent être suivis à la lettre.*

▼ *Vous pouvez compléter l'éclairage de la terrasse par un autre propre à la table, ici assuré par quatre bougies colorées.*

C (MAP/C. Nichols)

UN TREILLAGE POUR VOS GRIMPANTES

Une toute petite construction peut égayer votre terrasse et, en même temps, être d'une grande utilité pour vos grimpantes. C'est le treillage.

Une terrasse y gagnera en esthétique si vous l'habillez d'un treillage. Cet équipement pourra vous permettre, en outre, de cultiver des plantes grimpantes qui apprécieront cet équipement.

DE TOUTES LES FORMES

Le treillage est en fait un assemblage de lattes, en bois la plupart du temps, fixées contre un mur ou destinées à créer une cloison. Les bricoleurs pourront sans aucune difficulté le fabriquer eux-mêmes. Ceux qui, en revanche, n'ont aucune disposition en la matière, en trouveront très facilement dans le commerce. L'aspect décoratif repose sur la nature des lattes et sur la façon dont elles sont agencées. On peut imaginer en effet des assemblages perpendiculaires ou obliques, avec des lattes plus ou moins épaisses, choisies dans des bois très variés et clouées avec un écartement variable. On peut ainsi obtenir un treillis très ajouré ou bien, au contraire, très resserré.

(Inside/AD/P.-Y. Nedelec)

► *Qu'il soit un élément de décoration ou à vocation utilitaire, le treillage met toujours une terrasse en beauté et donne à certaines plantes l'occasion de faire gracieusement de l'escalade !*

(Inside/C. Ternynck)

◄ *Ici le treillage joue les jalousies, il tamise la lumière et préserve l'intimité.*

Ce dernier choix pourra par exemple être privilégié si le treillage doit devenir une cloison. On trouve même une forme de treillage repliable, que l'on installe à certaines époques de l'année et que l'on retire à d'autres. Il va de soi que cette formule empêche toute culture de plante grimpante.

LA BONNE FIXATION

Quel que soit le moyen utilisé, achat ou fabrication, vous aurez encore le choix de le fixer au mur ou bien de le poser seulement contre ce mur. La première solution présente l'avantage de ne prendre aucune place alors que la seconde implique la présence de pieds horizontaux sur lesquels la construction va reposer. Au risque de se cogner régulièrement dedans. En même temps, cette mobilité permet de l'enlever sans problème à chaque fois qu'on veut le nettoyer ou le lasurer. C'est la solution la plus raisonnable à envisager dans la mesure où, là encore, on ne fait pas grimper de plantes. Dans le cas contraire, si une grimpante s'y installe, qu'il soit mobile ou solidaire du mur, vous n'aurez pas tellement la possibilité de le bouger.

SOLIDAIRE OU MOBILE ?

Cet aspect de la fixation est donc important. Avant de se décider pour l'une ou l'autre formule, il faudra bien savoir à quoi on destine son treillage. Si c'est uniquement un élément de décoration, la mobilité pourra être préférable. Dans l'hypothèse où l'on décide de planter une grimpante, il nous semble que la fixation par vis au mur est à retenir. Vous installerez alors deux lattes horizontales (ou plus) d'environ deux centimètres d'épaisseur, l'une en haut et l'autre en bas du mur, et vous visserez le treillage dessus. L'écart entre cet équipement et le mur permettra aux plantes de bien s'accrocher et, par ailleurs, surtout pour une exposition au sud et sur un mur blanc, la réverbération de la chaleur sera moins redoutable pour les grimpantes.

CONSEIL

Avant l'achat ou la fabrication de votre treillage, pensez aux variétés de végétaux que vous allez planter : si vous optez pour des plantes qui, à moyen terme, risquent de recouvrir entièrement le treillage, ce n'est pas la peine de dépenser de grosses sommes d'argent pour avoir un équipement dont la principale qualité est l'esthétique...

UNE TERRASSE AUX QUATRE VENTS

Ce n'est pas parce que le vent souffle souvent sur votre terrasse qu'il faut vous priver de la fleurir. Il y a maintes façons de s'en protéger.

Très souvent, on voit des terrasses vides de toute plante parce que les occupants de l'appartement en ont assez de ramasser leurs pots renversés par le vent. Dans certaines régions, en effet, des immeubles subissent une terrible prise au vent, un véritable fléau qu'il est cependant possible, sinon de vaincre totalement, du moins de limiter de façon significative. Au moins pour avoir un peu de verdure et de couleur sur son balcon.

UNE BONNE PROTECTION

Le premier aménagement à faire est d'installer un rempart du côté où le vent est dominant. Il existe de nombreux matériaux, vendus dans les jardineries ou les grandes surfaces, pouvant faire office de brise-vent. De la toile plastique au bambou, le choix est varié. Reste à trouver l'élément le plus esthétique, ce qui n'est pas toujours évident. Quel qu'il soit, il est important de prendre une matière ne bloquant pas l'air complètement, des vents violents qui risqueraient de l'emporter ou de la déchirer. Il faut donc que ce « filtre » soit ajouré.

► ***Pour résister aux rafales de vent, vous choisirez des vasques ou des pots en terre cuite, ou tout autre matériau lourd, dans lesquels vous planterez des espèces comme houx, skimmia ou chou d'ornement.***

(MAP/Clive Nichols)

(MAP/Arnaud Descat)

▲ ***Le weigéla jouera les utilités en tant que brise-vent mais il fera aussi vibrer votre terrasse des couleurs éclatantes de ses fleurs en bouquets.***

Vous éviterez de fermer l'ensemble de votre terrasse, au risque de voir surgir des courants d'air encore plus néfastes que des vents non protégés.
Par conséquent, sur une terrasse qui compte en général trois côtés, il ne faut en palisser que deux au maximum, en laissant ouvert le côté le moins exposé.
Ces petits travaux étant réalisés, reste à choisir les plantes que vous allez cultiver sur cette terrasse désormais protégée. Vous devrez immédiatement écarter tout arbuste ou plante trop grands, dont la hauteur dépasserait de beaucoup celle de la barrière contre le vent. Mais il est bon de mettre des arbustes qui joueront le rôle d'un second brise-vent. Un arbuste comme le weigélia 'Samba' convient bien : il donne de magnifiques fleurs roses à la fin du printemps et son feuillage est de toute beauté en automne. Le buis, dans une variété naine, *Buxus microphylla*, est également recommandé. Son feuillage persistant, très compact, constitue une excellente protection.

LESTER LES POTS

Toujours en considérant le vent dominant, il faut ensuite placer des plantes dont la taille sera décroissante à mesure que l'on s'éloignera des barrières artificielle et naturelle ainsi créées. Vous pourrez sans problème cultiver des primevères, des géraniums, de la bruyère et bien d'autres plantes, en évitant celles à tiges trop fragiles. En fait, dès lors que la protection est assurée dans des conditions convenables, un large éventail de variétés vous est offert. Ce qui sera plus important, c'est le choix des contenants. Il est bien évident que des grands pots seront à bannir au profit de jardinières ou de vasques sans pied et, si possible, en terre cuite ou dans un matériau lourd. Et il faudra peut-être en plus les lester en ajoutant, par exemple, des cailloux, soit au fond pour les plantes qui ont besoin d'un bon drainage, soit en surface pour celles qui apprécient d'avoir les « pieds » dans l'eau.
Cela va sans dire, mais ça va encore mieux en l'écrivant, il serait dangereux d'accrocher le moindre pot à la balustrade de votre terrasse.

PAS A PAS

PROTÉGER SES PLANTES

Lorsque le vent devient un fléau, il faut s'en protéger. C'est une simple question d'organisation de votre terrasse.

1 - Sur une terrasse à trois côtés, tendez un voile de protection, en bambou par exemple pour l'aspect esthétique, sur un ou deux côtés, ceux qui subissent la plus grande prise au vent.

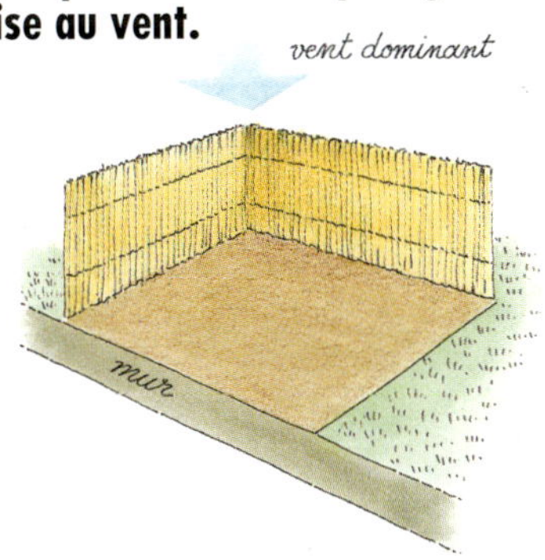

2 - Juste derrière cette « barrière », installez des petits arbustes ou des plantes solides.

3 - Organisez ensuite votre terrasse avec des plantes fleuries dont la taille ne dépasse pas celle des barrières de protection, soit en les posant à terre, soit sur un support pas trop haut.

(Illustrations : Steen)

ENFANTS-JARDINIERS, UN COIN POUR EUX

La passion du jardinage peut très bien se révéler dès l'enfance. A condition toutefois que ce soit un plaisir, et non une contrainte.

Si vos enfants semblent être intéressés quand vous grattez, quand vous creusez ou quand vous plantez, offrez-leur la possibilité d'avoir un petit coin où eux aussi pourront se livrer aux premières joies du jardinage. Si vous possédez un grand jardin, le mieux est de leur réserver une parcelle où ils pourront s'exercer.
Dans le cas contraire, un angle de terrasse conviendra parfaitement.

DES PLANTES VIGOUREUSES

Pour que leur curiosité soit satisfaite, pour que leurs premiers essais se traduisent par des réussites, offrez-leur des graines qui ont toutes les chances de germer et de donner de jolies plantes.
On se souvient tous des petites plantations de haricots que l'on faisait à l'école. Alors, choisissez une variété naine et confiez quelques graines à vos enfants, ils les sèmeront dans un pot qu'ils iront voir chaque matin, pour vérifier si les plantules sortent bien de terre. Des graines de tomates donnent en général, elles aussi, des résultats assez spectaculaires. Il y a d'abord la plante et, plus tard, les fruits qui apparaissent et qui mûrissent.

(MAP/F. Strauss)

▲ *Encouragez la curiosité des enfants pour le jardinage en leur proposant de cultiver de jolies petites fleurs colorées, des mini-fruits ou des mini-légumes.*

Le comble de la joie arrive au moment de la dégustation... Là aussi, prenez une variété de tomates cerises, par exemple, qui accepte bien la culture en pot ou en jardinière et qui prend moins de place qu'un pied de tomate normal. Toujours dans le domaine des légumes, vous pouvez les encourager à semer des radis qui présentent l'avantage de pousser rapidement.

LAISSEZ-LES FLEURIR LE BALCON

Mais vos enfants auront peut-être envie de cultiver également des fleurs sur la terrasse. Ils auront la possibilité soit de repiquer des plantes que vous aurez achetées en jardinerie ou bien, comme les légumes, de les semer.
Quelle que soit la méthode retenue, essayez de les sensibiliser à la composition, en leur faisant imaginer à quoi ressembleront leurs plantations lorsque les fleurs seront épanouies. En prenant par exemple un catalogue, montrez-leur la taille, la forme et la couleur qu'auront les fleurs et incitez-les à créer un décor harmonieux. Des capucines naines, des campanules, des primevères, des pétunias sont des plantes relativement faciles à entretenir et qui donnent des résultats encourageants. Ainsi, sans contrainte, ils s'occuperont naturellement de leur coin de terrasse.
Plus tard, si la passion les prend, c'est au jardin qu'ils s'exprimeront. Et si ça ne leur plaît pas, ils arrêteront...

(MAP/F. Strauss)

◄ ***Dans cet espace qu'ils auront aménagé à leur façon, les enfants prendront plaisir à suivre l'évolution de leurs plantations et à jouer aussi, bien sûr !***

CONSEIL

Pour que cette activité soit réellement à but pédagogique, au sens ludique du terme, il est important que les enfants, même s'ils sont guidés, aient vraiment le sentiment d'être les maîtres d'œuvre. Il faut donc leur laisser le maximum de latitude, du début jusqu'à la fin. Il est bon de leur expliquer mais pas d'agir à leur place. Ce seront donc eux qui iront avec vous acheter la jardinière et les pots nécessaires, les graines et le terreau dont ils ont besoin. Le coût de ces divers matériaux est peu élevé. Ensuite, ils rempliront les contenants de terre et sèmeront, ils arroseront leurs plantations. Au fur et à mesure de la croissance, et si besoin est, vous leur expliquerez qu'il faut éclaircir pour que les plantes poussent dans les meilleures conditions.

SUSPENDEZ VOS PANIERS

Pour donner du relief à votre terrasse, ne mettez pas toutes vos plantes à terre. Suspendez-en quelques-unes.

Sans vouloir forcément participer au concours des maisons fleuries, il est agréable de fleurir la façade de sa maison ou le balcon de son appartement. Y accrocher des jardinières ou des pots est en général une façon de l'embellir et de se faire plaisir, surtout lorsque vos plantes se plaisent en ces lieux et se portent bien.

BIEN ARRIMER LES POTS

Dans une maison à la campagne, isolée, avec une façade qui ne donne pas sur la rue, il n'y a que peu de précautions à prendre. Sinon de veiller à ce que les suspensions soient bien accrochées et qu'elles ne risquent pas de vous tomber sur la tête. Dans un appartement ou dans une maison le long desquels passent

LA SÉCURITÉ AVANT TOUT

Pour vos jardinières et vos pots destinés à être accrochés sur votre terrasse, choisissez plutôt des récipients de petite taille dans lesquels vous planterez des fleurs proportionnées.
Vous éviterez ainsi de mettre des plantes trop grosses ou trop grandes qui offrent beaucoup de prise au vent et qui risqueraient de tomber. Pensez que vous n'êtes pas toujours à la maison pour les retirer en cas d'intempéries. C'est bien souvent lorsque l'on est absent que les accidents surviennent.

(MAP/Yann Monel)

▲ *Le pélargonium règne en maître sur les paniers suspendus et offre une large palette de formes et de couleurs.*

(MAP/F. Strauss)

▲ *Le feuillage d'un vert vif du fuchsia met en relief ses jolies clochettes blanc et rose faites pour les hauteurs.*

quotidiennement des centaines de piétons ou de voitures, il faut en revanche être beaucoup plus prudent. Le seul conseil que l'on puisse donner en la matière, c'est que, quel que soit le contenant, il faut l'arrimer d'une façon ou d'une autre. Même si vous avez une balustrade où vous pouvez accrocher un panier dans lequel vous mettez une jardinière, il est absolument indispensable d'attacher le panier et la jardinière avec un fil de fer après cette balustrade. Vous éviterez ainsi les accidents éventuels dont vous seriez responsable. Veillez également à ce que l'eau d'arrosage ne tombe pas sur les passants, c'est très désagréable... Ces précautions étant prises, il ne vous reste plus qu'à réfléchir aux plantes que vous allez suspendre. Il est important d'abord de choisir des tonalités de couleurs qui s'harmoniseront avec la façade, les fenêtres et les volets. Vous ne retiendrez pas les mêmes teintes si vous avez un crépi rosé ou jaune, ou encore si votre façade est déjà ornée d'une vigne vierge.

DES CASCADES DE FLEURS

Il faudra ensuite opter pour telle ou telle fleur. Là encore, vous choisirez celles qui se marieront bien avec les plantes déjà installées sur le balcon. Avec les pélargoniums, qui sont sans conteste les plantes que l'on rencontre le plus souvent en suspensions, vous n'aurez que l'embarras du choix.

Si vous préférez vous singulariser un peu par rapport aux voisins, vous pencherez peut-être pour d'autres plantes plus originales. C'est le cas du fuchsia retombant qui préfère s'épanouir dans un coin ombré. Vous ne résisterez pas à la grâce de ses petites clochettes. Les pétunias, eux, sont plus courants sur nos terrasses mais ils ne dominent tout de même pas les fameux pélargoniums. Il faut choisir la variété 'Violacea' qui, lorsqu'elle se plaît vraiment à un endroit, déverse littéralement des cascades de fleurs. Contrairement aux fuchsias, les pétunias préfèrent le soleil. Les bégonias, quant à eux, se sentent bien dans un endroit chaud, mais ombragé aux heures de canicule. C'est le cas des 'Pendula' qui, avec leurs fleurs jaune orangé retombantes, sont parfaits pour les paniers suspendus.

CONSEIL

DES SUSPENSIONS BIEN FIXÉES

Que votre suspension soit accrochée au mur, à une balustrade ou à la rambarde d'un balcon, elle doit être solidement amarrée.

1 - Pour les supports fixés au mur, il faut au minimum deux points d'ancrage. Choisissez des vis assez longues, percez le mur, placez les chevilles. Avant de visser, passez une rondelle métallique dans la vis qui protégera le support lorsque vous donnerez les derniers tours de vis.

2 - Pour les supports fixés à une balustrade, il ne suffit pas de suspendre par des crochets mais, aussi, de les amarrer. Placez toujours vos jardinières à l'intérieur du balcon et fixez le support avec un fil de fer à la barre d'appui.

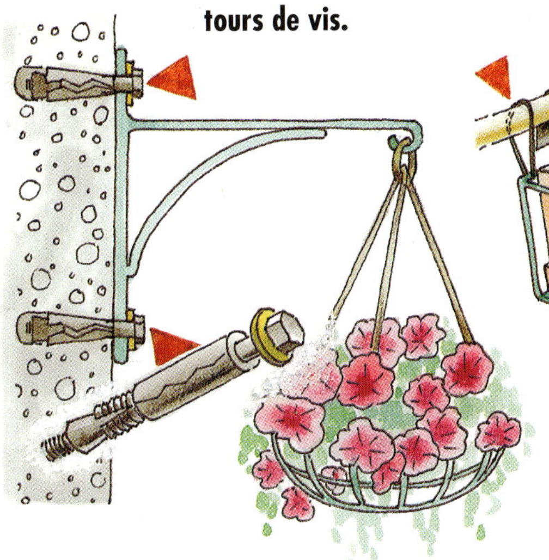

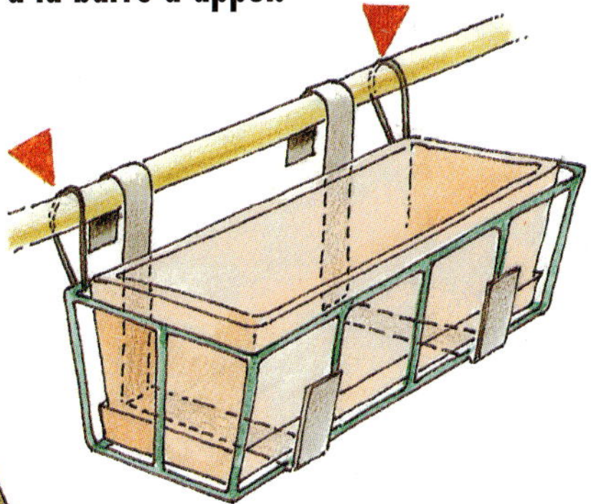

(Illustrations : Steen)

DES FLEURS AUX FENÊTRES

Une belle fenêtre fleurie retient toujours le regard. Si le spectacle est harmonieux, le plaisir des yeux n'en est que plus grand.

On sous-estime souvent la capacité d'une fenêtre à être décorée, notamment par des potées fleuries. Parfois, au contraire, on la surcharge tellement qu'elle devient un élément désagréable à l'œil. Entre, les deux, il y a la voie de l'équilibre qui réjouit votre œil et celui des passants.

CRÉER UNE PERSPECTIVE

L'organisation de votre décor floral dépendra de la nature de l'appartement que vous habitez. En ville, dans un immeuble, il sera difficile de faire plus que d'accrocher quelques bacs aux fenêtres, voire quelques suspensions.

D (MAPIN et P. Mioulane)

► *Quelles que soient vos compositions, bégonia tubéreux et anthémis pour celle-ci, vous veillerez à respecter les conditions de sécurité.*

CONSEIL

Si vous souhaitez accrocher des suspensions à vos fenêtres, n'oubliez pas les montants verticaux. Des pots judicieusement fixés de chaque côté d'une fenêtre sont souvent beaucoup plus esthétiques que s'ils étaient disposés sur le linteau. Cela est d'autant plus vrai s'ils le sont alors qu'une magnifique vigne vierge encadre la fenêtre.

Vous veillerez, bien sûr, à la sécurité de telles installations. Si l'une d'entre elles venait à tomber, vous seriez responsable des éventuels dégâts qui pourraient être causés. N'oubliez donc pas d'arrimer toute potée, de la façon la plus discrète et la plus efficace possible. Dans une maison entourée d'un jardin, la fenêtre représente un peu le passage entre les deux éléments. Ce passage doit être souligné, mis en valeur. Plutôt que de poser de simples pots ou une jardinière sur le rebord de la fenêtre, mieux vaut organiser un véritable décor, qui consiste par exemple à construire une petite étagère à une vingtaine de centimètres au-dessous du rebord inférieur, et à l'extérieur. De telle façon, on obtient déjà deux niveaux de décoration : la tablette et le rebord lui-même, ce qui donnera de la perspective au décor. Cet effet pourra encore être renforcé par la présence d'un élément végétal tout autour de la fenêtre, de la vigne vierge par exemple.

TOUTES LES PLANTES QUI VOUS PLAISENT

Une plante grimpante jouera le rôle supplémentaire de masquer le mur et, ainsi, de donner plus de légèreté au passage maison-jardin. Mais, dans le même temps, il ne faut pas oublier que nous avons à faire à une fenêtre, dont le rôle, entre autre, est de laisser entrer la lumière dans la maison. Il ne faut donc pas qu'elle soit complètement cachée par de grandes plantes ou par des végétaux trop touffus. L'idéal est donc de cultiver des plantes assez aérées sur le rebord lui-même et de s'intéresser à d'autres plantes au port compact pour la tablette et, plus généralement, pour l'entourage de la fenêtre. La nature de ces plantes que vous cultiverez sur la tablette et sur le rebord de fenêtre pourra varier en fonction de la saison. Ce sera selon vos goûts. Dans la mesure du possible, vous ferez en sorte de dissimuler les pots, soit en utilisant des plantes retombantes, soit en les plaçant derrière d'autres végétaux. Ces quelques conseils étant respectés, vous pouvez ensuite vous lancer dans toutes les compositions imaginables, avec toutes les plantes, qu'elles soient vivaces, annuelles, bulbeuses...

F (MAP/Y. Monel)

▲ ***La douceur raffinée de l'hortensia grimpant fleurit cette fenêtre tout au long de l'été.***

▼ ***Vigne vierge en façade et géranium lierre en jardinière donnent à cette fenêtre un cadre luxuriant.***

A (MAP/N. et P. Mioulane)

▼ ***Couleurs à plusieurs étages avec verveine et pélargonium en suspension et au sol.***

E (MAP/N. et P. Mioulane)

Matériel et entretien

NE VOUS LAISSEZ JAMAIS DÉBORDER

Dès qu'un jardinier est au milieu de ses fleurs, il a un geste pour elles. Il doit en être de même sur la terrasse ou le balcon.

Un petit coup de ciseaux en passant, une mauvaise herbe arrachée, une fleur fanée à retirer... Autant de gestes à effectuer au quotidien sur votre terrasse ou votre balcon, comme vous le feriez, à beaucoup plus grande échelle, dans un jardin. Car, en fait, il s'agit bien de cela : il faut considérer la terrasse comme un jardin en modèle réduit, mais avec les mêmes plantes que celles que vous cultiveriez dans des massifs autour de la maison.

UN ŒIL PERMANENT SUR VOS PLANTES

Les plantes elles-mêmes peuvent devenir envahissantes ou bien, au contraire, pousser lentement, voire dépérir. Dans tous les cas, il faut s'occuper d'elles.

A (MAP/F. Strauss)

► *Chrysanthème, sauge, carex, colchique... Plus les espèces sont nombreuses, plus la régularité des soins est nécessaire pour préserver le plus longtemps possible l'harmonie de l'ensemble.*

N'OUBLIEZ PAS LES SUSPENSIONS !

S'il est important de veiller à l'aspect esthétique des contenants qui reposent sur la terrasse, au sol ou sur un support, il est primordial de vérifier vos suspensions, même si on ne les voit que par-dessous. Celles-ci, en effet, se dessèchent très rapidement et ont besoin d'arrosages encore plus fréquents que les autres plantes.

Par ailleurs, le terreau ou le mélange à base de terre de jardin dans lequel vous les cultivez est un milieu vivant, pouvant donner des mauvaises herbes indésirables qu'il faudra supprimer. Ce n'est parce que vous êtes sur votre terrasse que les insectes, les champignons ou les virus vont laisser vos plantes tranquilles. Un diagnostic effectué trop tard conduira bien souvent à la mort de la plante. Pour assurer une bonne croissance, d'autres gestes peuvent être salvateurs. Ainsi, le pincement d'une extrémité assurera à tel ou tel sujet un port buissonnant qui le mettra en valeur. La pose d'un tuteur sur une autre plante lui évitera de plier sous le poids d'une fleur. Tous ces « contrôles » sont liés :

B (MAPIN et P. Mioulane)

▲ ***Palissage ou pose d'un tuteur doivent être effectués avant que la plante ne soit trop lourde.***

▼ ***Les suspensions, ici un fuchsia, ne sont pas toujours dans l'axe de notre regard, il ne faut pourtant pas oublier de les arroser.***

C (MAP/F. Strauss)

c'est en enlevant une mauvaise herbe que vous pourrez constater que telle ou telle plante a besoin d'un peu d'engrais ou d'insecticide parce que les pucerons s'y sont installés. D'où l'importance d'avoir un œil sur elles au quotidien.

DES GESTES RÉFLEXES

De façon encore plus basique, il est important de nettoyer régulièrement vos pots et jardinières. Nettoyer, cela signifie veiller à ce que l'eau d'arrosage ne déborde pas, emportant avec elle de la terre qui va venir tacher le pot, la soucoupe ou le sol. Cela veut dire aussi rajouter un peu de terreau quand c'est nécessaire, pour que la surface du pot ne ressemble pas à un cratère ou bien au sol craquelé d'une région désertique ! L'une ou l'autre de ces attentions, avec le temps, deviendra un réflexe. Vous n'aurez même plus l'impression de « surveiller » vos plantations, vous agirez de façon quasi automatique. Il faut dire qu'en dehors de l'arrosage, les quelques soins que nous venons d'évoquer ne prennent pas énormément de temps. Mais ce peu de temps que vous consacrerez à vos cultures vous évitera bien des désagréments. Tout simplement parce que, comme pour les hommes, la bonne santé des plantes tient en grande partie à l'intérêt qu'on leur porte.

LES SOUCIS LES PLUS FRÉQUENTS

On cherche souvent bien loin des évidences qui sont devant nos yeux. Plutôt que d'essayer de diagnostiquer telle ou telle maladie, demandez-vous si vos plantes reçoivent toute l'attention qu'elles méritent.

Les insectes, les champignons ou les virus provoquent déjà suffisamment de dégâts sur vos plantes. Ce n'est pas la peine d'augmenter les risques en ne respectant pas quelques règles simples de culture. Et, surtout, il faudra savoir reconnaître si les plantes de votre terrasse, lorsqu'elles dépérissent, sont véritablement atteintes d'une quelconque maladie ou bien si elles n'apprécient pas les soins que vous leur prodiguez. Cela évitera des achats, souvent coûteux, de produits de traitement...

UNE BONNE TERRE

Premier élément essentiel à prendre en compte pour vos cultures de terrasse : la terre.

A (MAP/N. et P. Mioulane)

▲ *L'arrosage sera fait en fonction des espèces et de la saison. En appartement, veillez à ne pas inonder le voisin d'en dessous !*

SUIVEZ LA MÉTÉO !

Outre les règles liées au mélange terreux, la culture des plantes sur une terrasse doit tenir compte de la météo. Si vous êtes exposé sous les vents dominants, faites très attention et protégez au maximum vos plantes, par exemple en installant un claustra. De la même façon, vous éviterez de laisser vos plantations dehors si vous habitez une région particulièrement gélive. Dès les premiers froids, qui arrivent souvent la nuit, rentrez pots et jardinières.

B (MAP/F. Strauss)

▲ *Fertilisez la terre régulièrement.*

C (MAP/F. Strauss)

▲ *L'hiver, protégez les plantes fragiles.*

Vous choisirez bien évidemment le mélange le mieux adapté à la plante concernée, mais vous n'oublierez surtout pas de fertiliser régulièrement. La terre, en effet, s'épuise et elle a besoin de « régénérant » régulièrement. Un manque d'engrais a tendance à provoquer une décoloration du feuillage et les plantes ne poussent pas bien.

L'ARROSAGE APPROPRIÉ

Faites attention, ensuite, à l'arrosage de vos plantes. Celles-ci ont besoin d'eau, mais il ne leur en faut pas trop. Un manque ou un excès peuvent entraîner un dépérissement. Il est cependant plus facile de récupérer un sujet qui a manqué d'eau (à condition que cette absence n'ait pas duré trop longtemps) que celui qui a été noyé en permanence. Dans le premier cas, il faut laisser tremper la motte dans un seau d'eau, le temps que celle-ci s'imprègne bien. Dans le second cas, si les racines ont commencé à pourrir au contact de l'eau, il sera bien difficile de sauver la plante.

REMPOTAGE RÉGULIER

Une technique permet de limiter au maximum ces deux risques : l'utilisation d'un mélange terreux dans lequel vous intégrerez des petits graviers ou des billes de polystyrène.
Sachez aussi que l'arrosage a une autre conséquence pouvant être dramatique : il a tendance à tasser la terre, ce qui conduit à un étouffement des racines. Là encore, il est possible de remédier au mal en surfaçant régulièrement vos pots, c'est-à-dire en griffant la surface de la terre et en complétant avec de la terre nouvelle.
Un rempotage régulier, quand c'est possible et pour certaines espèces, est un autre moyen de dénouer les racines qui se sont compactées dans le pot.

▼ *N'oubliez pas de surfacer, car l'arrosage a tendance à tasser la terre.*

D (MAP/N. et P. Mioulane)

SEMEZ VOS PROPRES PLANTES

En choisissant de semer vos plantes, vous aurez un choix plus vaste qu'en achetant des plantes déjà venues. Et, en plus, vous ferez des économies.

Les amoureux des plantes de balcons ou de terrasses dépensent chaque année des sommes relativement importantes pour fleurir leur paradis, s'ils doivent toutes les acheter à la jardinerie en petits pots. Pour limiter ces dépenses, il existe une méthode beaucoup plus économique : le semis. Deux possibilités vous sont offertes : soit vous achetez des graines en sachets, soit vous faites vos graines vous-même. Généralement, on panache ces deux méthodes, la première pour « essayer » de nouvelles plantes, la seconde pour reproduire celles qu'on a appréciées.

LE SAVIEZ-VOUS ?

Les graines doivent, grosso modo, être recouvertes d'une couche de terre équivalente à leur diamètre. Ainsi, une graine vraiment petite sera pratiquement posée à la surface, sans terre par-dessus.

▼ *Impatience, pensée, fuchsia et bien d'autres fleurs peuvent être obtenus par semis, une méthode pratique pour reproduire ses plantes préférées.*

A (MAP/F. Strauss)

ADAPTER LE CONTENANT AUX GRAINES

Quand on est en possession de ces fameuses graines, il ne reste plus qu'à les semer et, pour que l'opération soit couronnée de succès, il est indispensable de respecter quelques règles élémentaires. Tout d'abord, il faut savoir qu'elles conservent leur pouvoir germinatif pendant plusieurs années, en moyenne trois ou quatre ans (une durée qui peut varier considérablement d'une espèce à l'autre). Par conséquent, il n'est absolument pas utile de les semer toutes la même année. En fonction de la taille des graines, vous choisirez votre contenant. Si elles sont relativement grosses, autrement dit si vous arrivez à en prendre une seule sans problème entre les doigts, vous pourrez les semer individuellement dans de petits pots de tourbe. Il ne sera pas obligatoire, ensuite, de faire un repiquage avant de les installer définitivement. Si, en revanche, elles sont minuscules, vous les sèmerez dans une terrine et, lorsqu'elles auront levé, vous ferez d'abord un éclaircissage puis, ultérieurement, un repiquage dans des pots de tourbe avant la mise en terre. Quelle que soit la méthode utilisée, vous vous servirez de terreau de semis et de matière drainante (sable de rivière, polystyrène...). Vous tapisserez le fond de vos contenants de cette dernière et vous remplirez ensuite de terreau.

B (MAP/Noun)

▲ ***Si vous faites vos semis dans des godets de tourbe, vous mettrez en place le petit pot et la plante sans avoir besoin de manipuler celle-ci.***

LE REPIQUAGE, OPÉRATION DÉLICATE

Ces semis auront lieu en serre ou bien, plus simplement, dans une pièce chauffée et bien éclairée de la maison. Vous devrez attendre que les plantes sortent de terre pour commencer à aérer progressivement vos semis. Au début, vous retirerez le couvercle transparent aux heures les plus chaudes. Et puis, au fur et à mesure, vous le laisserez de moins en moins longtemps pour finir par le retirer complètement. Chaque jour, vous arroserez vos cultures sans les noyer. L'opération la plus délicate avant l'installation définitive est le premier repiquage. Il faut en effet retirer la plante avec d'infinies précautions, de façon à ne pas abîmer les fines racines qu'elle a commencé à développer. Quant à la plantation en pots ou en jardinière, il suffit de mettre directement le petit pot de tourbe dans la terre.

C (MAP/N. et P. Mioulane)

◄ ***Pour arroser vos semis, l'idéal est d'utiliser un petit vaporisateur et de donner un ou deux coups de gachette régulièrement.***

LE TRAITEMENT DE VOS PLANTES

Vos plantes sont malades. Elles sont attaquées par de vilaines petites bêtes et elles ont bien du mal à s'en remettre. Une seule solution : les traiter pour les sauver, bien sûr, mais aussi protéger de la contamination les autres végétaux du jardin ou de la maison.

Si vos réticences à l'application d'un traitement curatif contre les insectes résidait dans le fait que vous ne souhaitiez pas vous servir d'un produit chimique dangereux, sachez qu'il existe désormais sur le marché une large gamme d'insecticides dits biologiques. Que ce soit au sol ou pour les parties aériennes de la plante, vous n'aurez que l'embarras du choix dans votre jardinerie préférée.

(MAPIN. et P. Mioulane)

▲ *Toute préparation, comme celle d'un traitement pour rosier, implique de bien respecter les doses indiquées par la notice du produit utilisé, et de se laver soigneusement les mains après l'emploi.*

Des produits comme la roténone ont fait leurs preuves.

UN DOSAGE A RESPECTER

Quel que soit celui que vous utiliserez, en granulés, en poudre, sous forme liquide, respectez les conseils du fabricant. Lui seul sait quelles quantités exactes vous devez appliquer pour être efficace. Un dosage trop faible n'aurait comme conséquence que d'être inefficace et, pire, un dosage trop important pourrait faire subir des dommages à la plante. En règle générale, un traitement s'applique en deux ou trois fois, à quelques jours d'intervalle. Ce qui permet de lutter contre les insectes et contre leurs larves. Si vous n'arrivez pas à identifier l'insecte qui s'attaque à vos plantes, ne vous inquiétez pas : il existe des produits à effet assez large, permettant de lutter contre un nombre assez importants d'insectes.

QUELQUES PRÉCAUTIONS

Quel que soit également le degré de toxicité du produit, évitez de le manipuler à main nue, évitez de l'inhaler et faites en sorte que des enfants n'entrent pas en contact avec. Utilisés dans les meilleures conditions, les insecticides actuels visent à faire évoluer les plantes et les fleurs dans des conditions idéales. Pour votre plus grand plaisir.

(MAPIN. et P. Mioulane)

▲ *Certes les pucerons préfèrent les capucines, mais ils ne sont pas exclusifs. Si ce sont les dahlias qu'ils rencontrent, ils les attaquent.*

ENGRAIS : LE COUP DE FOUET

A quoi servent tous ces engrais proposés dans le commerce ? En fait, servent-ils vraiment à quelque chose ? En général, ils sont réellement utiles.

Les engrais améliorent la qualité de votre sol ou de la terre dans laquelle poussent vos plantes. Dans certains cas, vous ne réussirez rien sans eux. Le problème est de choisir le bon engrais, celui qui va résoudre votre problème.
Si vous possédez un jardin à la campagne, le mieux est sans conteste de vous faire livrer du fumier par un voisin paysan. Si vous n'avez pas cette possibilité, il vous faudra choisir un produit en jardinerie.

TROIS CLASSES D'ENGRAIS

On trouve trois grandes classes d'engrais : les engrais organiques, les engrais minéraux et les engrais composés.
Les premiers proviennent, comme leur nom l'indique, de décomposition d'organismes animaux ou végétaux. Ce peut être, par exemple, du sang séché, de la corne torréfiée ou du guano. Ils sont plutôt utilisés dans des terres argileuses, et à éviter en terrain acide.
Les engrais minéraux, dont l'agriculture a parfois abusé, apportent, en plus des oligo-éléments, un ou deux de ces trois éléments de base : azote (destiné surtout aux feuilles), phosphore (pour les racines) et potasse (pour les fleurs).
Les engrais composés, enfin, apportent en même temps les trois éléments vitaux énoncés ci-dessus. Leur formule est inscrite sur le conditionnement sous forme de trois chiffres qui se suivent et qui signifient, dans l'ordre, la teneur en azote, en phosphore et en potassium.

(MAP/N. Et P. Mioulane)

▲ *L'engrais choisi doit à la fois satisfaire à la nature du sol et aux besoins de la plante. Dans certains cas, vous pouvez le diluer dans l'eau et l'apporter en arrosant.*

VIGILANCE DE RIGUEUR

Si vous n'êtes pas jardinier confirmé et si vous ne connaissez pas parfaitement la nature de votre sol, préférez l'utilisation d'un engrais spécifique pour tel ou tel type de plante.
Il en existe une très grande variété, par exemple pour les géraniums, les rosiers, etc. Assurez-vous tout de même que la composition de votre sol n'est pas incompatible avec le produit que vous souhaitez acheter.

LES MÉLANGES ESSENTIELS DE TERRES

Pour réussir vos cultures sur la terrasse, il est indispensable d'avoir quelques petits sacs de différentes terres ou autres matériaux.

Nous évoquons souvent les différents matériaux entrant dans la composition des mélanges terreux de vos pots et jardinières. Tout simplement parce que les plantes ont des besoins différents selon les espèces considérées. Nous allons donc vous proposer une liste des principaux matériaux dont vous aurez besoin pour vos cultures de terrasses.

LA BASE EST LA TERRE

Le premier élément, essentiel et parfois suffisant, c'est la terre de votre jardin. De nombreuses plantes ornementales se satisferont d'elle et pousseront dans de très bonnes conditions. Tout dépend en fait de sa composition. C'est la raison pour laquelle il est utile de la faire analyser. Vous connaîtrez ainsi ses capacités et vous saurez si vous avez besoin ou non de la mélanger à d'autres substrats.

LES ADDITIFS ORGANIQUES

Les produits organiques, à base d'os, d'algues, de guano… ne sont pas à proprement parler des éléments qui entrent dans la composition d'un mélange terreux mais, rajoutés à ceux-ci, ils constituent d'excellents engrais. Tout comme les composts, que vous pouvez fabriquer vous-même ou acheter tout prêts.

A (Inside/SIP/C. de Virieu)

▲ *Vous choisirez la terre en fonction des espèces et, privilège des pots, vous pourrez placer côte à côte des plantes qui prospèrent dans des terres très différentes.*

Le terreau est l'élément de base des cultures en pots, surtout si vous habitez la ville et que vous n'avez pas de terre de jardin à votre disposition. Ce terreau se trouve facilement dans toutes les jardineries et il est composé d'une grande quantité d'humus, permettant ainsi aux plantes qui sont installées dedans de se nourrir d'une façon riche. Il en existe différentes sortes, adaptées aux besoins des plantes. On trouve par exemple des terreaux spéciaux pour les géraniums, pour les rosiers, etc.
Viennent ensuite les différentes tourbes qui satisfont les besoins des plantes ne supportant pas le calcaire, comme les azalées. Là aussi, il en existe plusieurs sortes, selon les espèces de plantes que vous allez cultiver.
En général, on utilise ces trois éléments en mélanges aux proportions variables.
On y ajoute souvent d'autres matériaux de base. Le sable est l'un d'entre eux. Il assure un bon drainage du mélange terreux. Tout comme la vermiculite. Si l'on peut trouver le premier un peu partout dans la nature, le second, en revanche, s'achète dans les jardineries en petits sacs. Même chose pour la pouzzolane, qui est une roche volcanique très légère. Mélanger ces éléments à du terreau empêche ce dernier de trop se tasser et favorise l'aération du mélange terreux.

INUTILE DE GASPILLER

On utilise souvent aussi des écorces qui apportent deux choses à la plante : en se décomposant, elles fournissent de l'humus, mais elles servent également de protection contre le froid. On choisit le type d'écorce en fonction des plantes cultivées (des écorces de pin, par exemple, pour des plantes aimant l'acidité).
N'achetez cependant qu'en fonction de vos besoins, et notamment en choisissant des petits sacs. Les fabricants se sont adaptés et réussissent désormais à proposer des emballages de petites tailles. Il est inutile de prendre de gros sacs, vous risqueriez d'une part d'être embarrassé avec et d'autre part de ne pas en avoir l'utilité.

C (MAP/F. Lamarque)

▲ *De bonne qualité, la terre de jardin convient pour bon nombre d'espèces.*

B (MAP/F. Lamarque)

▲ *La terre de bruyère est un terreau spécial, acide, réservé aux azalées, rhododendrons, bruyères et fougères.*

▼ *Le sable s'ajoute aux terres de base pour assurer un bon drainage du sol.*

D (MAP/F. Lamarque)

UNE TAILLE NÉCESSAIRE

Opération indispensable à la bonne santé de vos plantes, la taille doit être pratiquée sur la terrasse comme au jardin.

A n'en pas douter, vous avez exercé vos talents de jardinier sur votre terrasse ou votre balcon, transformant en Éden ces espaces où il fait bon se prélasser. Nul doute aussi que vos plantes vertes, vos fleurs, vos arbrisseaux et vos arbustes sont l'objet de tous vos soins et qu'ils ne manquent ni d'eau ni d'engrais. Malgré cela, ne négligez pas une autre opération absolument indispensable : la taille, qui vous permettra d'éviter que certains sujets vous envahissent, que d'autres s'étiolent ou meurent, ou, encore, de maintenir chez d'autres une floraison abondante et régulière.

LES FLEURS FANÉES ÉPUISENT LA PLANTE

Certes, selon les sujets, le sécateur vous sera bien utile, et parfois la cisaille, mais la taille étant une opération délicate, n'hésitez pas à vous munir d'un couteau à greffer bien aiguisé ou, mieux, d'une paire de ciseaux.

PAS DE TAILLE POUR LES RÉSINEUX

N'oubliez pas que l'on ne doit jamais tailler les résineux, et particulièrement les sujets nains beaucoup trop fragiles pour résister à une telle amputation. En revanche, vous pourrez tailler vos buis sans vergogne avec une bonne paire de cisaille de jardinier ou un gros sécateur si vous souhaitez élaguer quelques branches trop coriaces.

▼ *Les fleurs de géranium se fanent vite. N'attendez pas qu'elles soient desséchées pour les couper.*

A (MAP/F. Strauss)

Roi des terrasses et balcons, le géranium vous enchante par sa floraison abondante. Mais ses fleurs en parasol se fanent vite avant de laisser la place à d'autres. N'attendez pas qu'elles soient complètement desséchées pour les couper à l'aide d'une paire de ciseaux. Vous éviterez ainsi qu'elles fassent inutilement de l'ombre aux boutons qui écloront plus rapidement. De la même manière, coupez, en les pinçant, quelques feuilles superflues qui épuisent le pied. Les plantes à fleurs, en pot ou en bac, s'affaiblissent vite lorsque la fleur devient fruit. Aussi, n'hésitez pas à couper la tige qui les produit avant le développement des fruits ou des graines. Vous augmenterez ainsi leur floraison et la prolongerez dans le temps.

SUPPRIMER LES TIGES MORTES

Pour la même raison, vous couperez les tiges mortes ou malades avant d'appliquer au sujet les soins nécessaires. En revanche, les feuilles de nombreuses plantes à bulbes, particulièrement les printanières, jaunissent et se dessèchent naturellement bien avant la fin de l'été. Coupez les tiges à fleurs après floraison, mais laissez les feuilles aller au bout de leur processus. Ce sont elles, en effet, qui nourrissent le bulbe et elles ne s'étiolent que lorsque celui-ci est arrivé à maturité. La taille des rosiers en pot ou en bac vous est peut-être plus familière, qu'il s'agisse de rosiers nains, grimpants ou à tige. Là encore, tout comme pour vos rosiers de jardin, il convient d'effectuer une taille d'automne et une de printemps, moins franche cependant que pour vos sujets exposés au gel.

UN PRODUIT CICATRISANT

Vous aurez moins de soucis avec vos lierres, en coupant à la main toutes les tiges superflues chaque fois que cela sera nécessaire. Particulièrement rustique, il repartira de plus belle. Si vous avez une âme d'artiste, vous pourrez vous lancer dans la réalisation de topiaires en habillant avec ce lierre une belle branche de bois mort ou bien un sujet de paille ou de fil de fer en forme d'animal. La taille s'avérera plus délicate et vous utiliserez tour à tour une paire de ciseaux ou une petite cisaille. Si vous avez acclimaté sur votre terrasse un arbre fruitier ou un agrume, vous les taillerez de la même façon que les arbres du jardin. En tout état de cause, et quel que soit le sujet, utilisez toujours l'instrument approprié pour effectuer une coupe franche et nette. Vous limiterez ainsi la prolifération de parasites sur la blessure que constitue la taille. Si vous sciez une branche dont le diamètre est important, utilisez un cicatrisant.

B (MAP/F. Strauss)

▲ ***Pour toutes vos tailles, ici un* Chamaecyparis *ou faux cyprès, n'utilisez que des outils parfaitement propres et en bon état.***

C (MAP/N. et P. Mioulane)

◄ ***La taille peut se limiter à la coupe des tiges dont l'expansion affaiblirait la plante.***

ULTIMES PRÉPARATIFS AVANT LE PRINTEMPS

En consacrant quelques minutes aux plantations, vous aurez le bonheur de vivre sur une terrasse fleurie dès le printemps.

Pour avoir une jolie terrasse ornée de fleurs dès l'apparition des premiers beaux jours, il faut s'y prendre à la fin de l'hiver.
Tout d'abord, vous effectuerez les ultimes travaux d'aménagement nécessaires de votre terrasse. C'est en ce moment, avant que les pots et jardinières n'envahissent, que vous devez terminer l'entretien : un coup de peinture sur les murs, la réfection du sol...

LE CHOIX DE LA TERRE

Vous allez également sortir de la cave les pots de l'année dernière. Si vous les avez bien nettoyés au moment de les entreposer, vous n'aurez pas grand-chose d'autre à faire. Peut-être devrez-vous vérifier le bon état de ces contenants. N'hésitez pas à éliminer ceux qui sont fendus, évitant ainsi que vos fleurs s'étalent au beau milieu de leur période de floraison. Après ce nettoyage de pré-printemps, vous penserez à la terre que vous allez utiliser pour vos plantations.
De deux choses l'une : soit vous achèterez du terreau de semis ou de plantation dans une jardinerie, soit vous prélèverez ce dont vous avez besoin dans votre propriété.

A (MAP/F. Strauss)

► ***Tulipes, pensées, pommier d'ornement, campanules... Le chœur des fleurs est ici réuni pour accueillir le printemps en beauté.***

B (Inside/S. MC.Bride)

▲ *L'éclat de vos plantes dépend en grande partie du soin que vous aurez pris à préparer le matériel, choisir les espèces et acheter le terreau.*

Ces deux matières constitueront l'élément de base de vos mélanges, vous y rajouterez, en fonction des plantes cultivées, du sable, de la terre de bruyère, etc. Pour la terre de jardin, il est bon de la tamiser avant de l'utiliser et, si elle n'est pas très riche, ajoutez un peu de compost, lui aussi tamisé, et mélangez bien l'ensemble. Si vous êtes passionné, vous avez certainement déjà semé quelques graines à l'intérieur de la maison. Si vous l'avez fait dans de petits pots de tourbe, vous pouvez les planter définitivement dans un pot de terre ou une jardinière.

DES SEMIS SOIGNÉS

De la même façon, si vous êtes passé chez votre pépiniériste, vous avez certainement acheté quelques plantes à repiquer, vivaces ou annuelles. Généralement, elles sont vendues en pots de plastique et il faudra alors retirer les plantes en conservant une partie de la motte, ou même une totalité si la terre est de bonne qualité. Un des gestes incontournables à effectuer après une transplantation est l'arrosage, gage de réussite de la reprise. Dans le cas où vous n'auriez encore rien semé, il est temps de le faire. De nombreuses espèces demandent à être semées en godets et repiquées ensuite. D'autres, en revanche, comme la capucine, peuvent très bien être semées directement en place. Si vous n'avez pas de potager, n'oubliez pas de semer aussi quelques légumes, comme les radis qui viennent très bien en jardinières. Il est très important de marquer vos semis, en utilisant une étiquette plastique sur laquelle vous inscrirez le nom des plantes. C'est une façon sûre de ne pas se tromper en repiquant, notamment si vous souhaitez faire des compositions. Dans le cas contraire, vous pourriez avoir des surprises en associant des plantes au port très différent, les unes « étouffant » les autres.

PROCÉDER AVEC MÉTHODE

Pour être satisfait, un jardinier doit procéder avec méthode. Ainsi, pour les semis ou pour les plantations, il n'oubliera pas de déposer du papier journal ou une feuille de plastique par terre, pour éviter de mettre de la terre partout. Lorsque les pots seront remplis, il les nettoiera pour ne pas avoir des contenants qui dégoulinent de partout, et chacun de ces pots sera installé sur une soucoupe, ce qui évitera bien des désagréments au moment de l'arrosage. En réalité, ces quelques règles sont très simples à suivre et vous permettront d'avoir des terrasses agréables à vivre, propres et fleuries.

BIEN PLANTER POUR LE PRINTEMPS

La beauté ornementale d'une terrasse dépendra largement de la façon dont vous aurez effectué vos plantations.

L'hiver tire à sa fin, vous allez bientôt commencer vos plantations printanières sur la terrasse ou le balcon. Avant de commencer, et surtout si c'est la première fois que vous vous lancez dans cette « aventure », essayez de mettre toutes les chances de réussite de votre côté.

BIEN METTRE EN TERRE

Les précautions commencent au moment de l'achat des plantes à repiquer, dans l'hypothèse, bien évidemment, où vous ne faites pas vos propres semis. Choisissez des plantes bien vigoureuses, mais qui ne sont pas dans les pots depuis de longues semaines. Évitez donc de prendre des plantes dont les racines sortent en trop grand nombre du petit pot dans lequel elles ont poussé à l'étroit. S'il y en a cependant quelques-unes, prenez le soin de les couper hors du pot avant de dépoter. Une fois la motte retirée, si les racines semblent très développées, allant même jusqu'à s'entremêler, il est bon de les défaire au maximum, en faisant bien attention de ne pas les détruire. Pour cela, vous devez ôter la terre qui est autour et tirer légèrement sur les racines entrecroisées. Profitez-en pour éliminer celles qui semblent nécrosées ou en voie de pourrissement.

LES JEUNES PLANTES

Pour ce qui est des petites plantes jeunes, aux fines radicelles, il suffit de faire un trou au plantoir dans le mélange terreux qui remplit le pot. Ce trou doit être d'un diamètre suffisamment grand pour que la plante ne soit pas « étouffée ». Ensuite, vous comblerez le trou en remettant un peu de terre que vous tasserez à l'aide d'un objet, comme un crayon.

F (MAP/F. Strauss)

▲ *Rencontre fleurie réussie pour le forsythia, le prunus, le magnolia et l'hellébore qui s'accordent gaiement sur cette terrasse.*

B (MAP/F. Lamarque)

▲ *La mise en pot ou en jardinière doit se faire avec soin pour ménager les racines de la plante.*

Les plantes un peu plus développées ont souvent tendance à orienter leurs racines vers le haut, manquant de place dans les pots. Aussi, il sera important de bien veiller à ce que ces racines, dans leur contenant définitif, sur votre terrasse, ne sortent pas par le haut du pot. Il est impératif que la terre recouvre l'ensemble de ces racines.

UN ARROSAGE POUR TERMINER

S'il s'agit de plantes à racines nues, comme des rosiers par exemple, vous devrez au préalable praliner les racines, c'est-à-dire les tremper dans un mélange de terre et de boue, ou plus simplement dans du pralin, un produit tout prêt vendu dans le commerce. Vous remplirez alors un quart du pot avec votre terre, de telle façon que celle-ci forme un léger dôme. Puis vous déposerez la plante dessus, en étalant au maximum les racines sur ce dôme. Il ne vous restera plus qu'à combler, là encore en veillant à ce que la terre que vous rajouterez tienne bien entre les racines, l'une des conditions à une bonne reprise des plantes. Lorsque cette opération de rempotage est achevée, n'oubliez surtout pas d'arroser vos cultures. La première fois, il faut aller très doucement et verser presque au goutte-à-goutte pour que l'eau puisse bien pénètrer.

PAS A PAS

UN REMPOTAGE RÉUSSI

Pour avoir de belles potées fleuries, prenez le temps nécessaire à la réalisation d'un bon rempotage.

1 - Si des racines sortent du pot que vous avez acheté à la jardinerie, coupez-les avec un ciseau.

2 - Après avoir dépoté la plante, démêlez les racines et les radicelles, et coupez celles qui ne sont pas belles.

3 - Rempotez dans un mélange terreux convenable et veillez à ce que toutes les racines soient bien prises en terre.

(Illustrations : Steen)

LES TRAVAUX D'ÉTÉ

Limités mais indispensables, les travaux d'été sur la terrasse consistent essentiellement à assurer un bon arrosage à vos plantes.

C'est sans conteste la saison au cours de laquelle on a le moins envie d'en faire. Parce qu'il fait chaud et, surtout, parce que cette saison a un sérieux goût de vacances. Mais aussi car on a tout simplement envie de profiter des potées qu'on a bichonnées pendant de longs mois. Pourtant, il ne faudra pas oublier de faire quelques petits gestes indispensables.

PRIMORDIAL : L'ARROSAGE

Le premier de ces gestes, qui devra être répété régulièrement, c'est bien évidemment l'arrosage. Par été chaud et sec, ce qui est habituellement le cas sous nos climats, un apport d'eau quotidien est indispensable pour la plupart des annuelles et pour bon nombre de vivaces.
Les géraniums, par exemple, qui redoutent l'excès d'humidité à la mi-saison, ont besoin d'être arrosés, sinon quotidiennement, au moins tous les deux jours, et de préférence le soir.
Il est important de rappeler que la période d'arrosage se situe soit le soir, soit le matin, en tout état de cause avant que le soleil ne soit trop haut dans le ciel.

NE PAS OUBLIER L'ENGRAIS

Pour conserver à vos plantes une vigueur et un éclat qui les rendront remarquables, vous n'oublierez pas, environ deux à trois fois par mois, de rajouter un peu d'engrais liquide après un arrosage.

A (MAPIN et P. Mioulane)

▲ *En été, l'arrosage est bien sûr le geste essentiel à accomplir pour l'entretien de vos plantes.*

SOINS A LA CARTE

Si vous avez des plantes vertes sur votre terrasse (celles d'intérieur que vous avez sorties pour l'été), faites-leur une petite brumisation sur le feuillage de temps en temps, en plus de l'arrosage : cela ne leur fera pas de mal.
Pour les plantes fleuries, il faudra veiller à ne pas mouiller les fleurs, elles n'apprécieraient pas. Accordez un intérêt tout particulier à vos plantes accrochées en suspension : elles se dessèchent plus rapidement que les autres et il est donc très important de ne pas rater un arrosage. Même chose pour celles qui sont exposées le long d'un mur réfléchissant les chauds rayons du soleil. Au besoin, si cette réverbération est trop importante, déplacez-les.

B (MAPIN. et P. Mioulane)

▲ ***Rituel à la fois nécessaire à la santé des plantes et à la beauté de votre terrasse : la suppression régulière des fleurs fanées et des feuilles défraîchies.***

LE FARNIENTE AVANT TOUT

En dehors de ces apports en eau dont dépend la vie de vos plantes, les autres « travaux » à accomplir en été peuvent l'être au même rythme que celui auquel vous vivez à cette époque. Tranquille. Il faut penser notamment à supprimer toutes les fleurs fanées, ainsi que les feuilles défraîchies. Cela ne vous prendra que quelques minutes de temps à autre, mais c'est nécessaire. A cette époque aussi, il faut bien veiller au surfaçage de la terre dans vos pots et jardinières. N'oubliez donc pas de remettre, si nécessaire, un peu de terreau dès que vous constatez un tel défaut. En dehors de ces quelques « contraintes », vous n'aurez effectivement qu'à vous prélasser devant vos plantes. Les plus courageux pourront toutefois commencer à semer des graines de bisannuelles, ces fleurs qui s'épanouiront au printemps prochain.

C (MAPIN. et P. Mioulane)

▲ ***En plus de l'arrosage, il est bon de faire une brumisation du feuillage de temps en temps.***

GRAND NETTOYAGE D'AUTOMNE !

Comme le printemps, l'automne est une saison propice au nettoyage. Profitons-en pour s'atteler à la terrasse.

L'été finissant, il faut penser à rentrer les pots et jardinières qui accueillaient vos fleurs annuelles. Surtout si vous ne souhaitez pas, ou si vous n'avez pas la possibilité d'entretenir une terrasse en automne. Dès qu'elles seront fanées, vous dépoterez vos plantes et vous nettoierez bien vos contenants. Qu'ils soient en plastique ou en terre cuite, il est important de bien gratter la terre qui s'accroche aux parois, de laver à l'eau et, enfin, de désinfecter en nettoyant avec un mélange à base d'eau de Javel. Cette opération est indispensable pour éviter de transmettre la saison prochaine toute maladie aux nouvelles plantes que vous cultiverez.

ATTENTION A LA TERRE MAL CUITE

Après cette désinfection, un bon rinçage s'impose suivi d'un séchage à l'air libre. Ce n'est qu'après que vous entreposerez vos pots et jardinières dans un endroit sec, à l'abri du gel. Certains pots sont en effet de plus ou moins bonne qualité et résistent assez mal aux températures les plus basses. Il est évident qu'ils ont plus de risques de se briser quand ils sont remplis de terre mais, il n'empêche, une exposition à des températures descendant largement au-dessous de 0 °C peut faire éclater la terre cuite, surtout, justement, si elle n'a pas été très bien cuite...

▼ *A la fin de l'été, dépotez certaines de vos plantes ; nettoyez vos pots et rangez-les bien pour le printemps prochain.*

(MAP/F. Strauss)

Dans le local où vous les rangerez, il est important de les déposer si possible à même le sol, ou bien sur une étagère d'où ils ne bougeront pas jusqu'au printemps prochain. Éviter d'avoir à les manipuler à la moindre occasion, pour atteindre par exemple un objet placé derrière eux, est un gage de sécurité. Le moins on les déplace lorsqu'ils sont rangés, le moins on a de risque de les casser. Essayez également, si vous avez suffisamment de place, d'entreposer vos contenants en terre cuite sans les emboîter les uns dans les autres. Là encore, vous éviterez la casse.

PENSER AU PRINTEMPS

En ce qui concerne vos jardinières en bois, les opérations de nettoyage sont les mêmes avec, en plus, le passage d'une couche de lasure protectrice. C'est maintenant qu'elle doit se faire, pour éviter que les futures plantes, si le lasurage se faisait au printemps, soient en contact avec un produit qui pourrait leur être nocif. Cette période de l'année peut être aussi le moment de réfléchir aux plantations de la saison prochaine. Si vous pensez avoir besoin d'autres pots et jardinières, pourquoi ne pas les acheter maintenant ? C'est à cette époque que vous ferez les meilleurs affaires dans les jardineries et les commerces spécialisés.
Bien souvent, en effet, des promotions sont offertes. Il suffit de veiller à ce que les produits proposés ne soient pas des fins de série peu fiables, mais vous trouverez à coup sûr une gamme de contenants de très bonne qualité et à des prix très intéressants.
Tous ces conseils s'adressent aux jardiniers qui ne décoreront pas leurs terrasses en automne ou bien qui n'utiliseront pas tous leurs contenants à cette saison. Pour ceux qui ont l'intention de changer le contenu de leurs pots et jardinières, toutes ces tâches sont à remettre à plus tard.

(MAP/N. et P. Mioulane)

▲ ***C'est la saison propice aux achats car de nombreux articles sont en promotion.***

▼ ***En utilisant de l'eau de Javel diluée, vous éviterez la transmission d'éventuelles maladies.***

(MAP/N. et P. Mioulane)

A VOS OUTILS !

Les premiers jours du printemps sont parfois ensoleillés, mais encore trop froids pour commencer les cultures. Profitez-en pour préparer la saison.

C'est à la qualité de ses outils que l'on reconnaît un bon professionnel. Sur la terrasse comme ailleurs... Alors profitez d'une période encore peu chargée en travaux de jardinage pour vous assurer que vous possédez bien tout ce qu'il faut. Et, surtout, que votre outillage est en parfait état.

NETTOYER LES OUTILS ET LES TREILLAGES

Vérifiez d'abord l'état de vos pots et jardinières. Si certains sont cassés, ne les utilisez plus comme contenants, mais ne les jetez pas non plus : les petits morceaux de terre cuite vous seront très utiles pour améliorer le drainage de vos mélanges terreux. Tous ceux qui sont encore disponibles doivent être nettoyés avant une nouvelle utilisation. Le mieux est de les laver avec de l'eau de Javel ou un liquide de ce genre pour détruire les parasites.

RÉCOMPENSE : L'ACHAT DES PLANTES

Même si vous êtes impatient de planter, ne négligez pas cette phase de préparation et d'entretien qui est complètement indispensable. C'est vraiment un gage de réussite de vos futures plantations. Lorsque toutes ces tâches seront accomplies, il sera temps de se laisser aller au plaisir du choix des plantes.

A (Inside/G. Bouchet)

▲ *Des pots à l'outillage en passant par le mobilier, tout doit être vérifié afin de démarrer les cultures dans les meilleures conditions.*

Vous veillerez ensuite à ce que vos outils soient eux aussi bien aiguisés, qu'ils ne soient pas rouillés... Au besoin, vous les nettoierez, mais c'est une opération qui aurait dû être faite au début de l'hiver, quand vous les avez rangés ! Si vous vous êtes rendu compte, la saison dernière, qu'il vous en manquait, c'est le moment d'aller en acheter dans la jardinerie la plus proche de chez vous. Ainsi, vous prendrez le temps de choisir. Profitez de ce déplacement pour acquérir les terreaux ou composts dont vous aurez l'usage. Auparavant, vous aurez vérifié qu'il ne vous en restait pas. C'est le moment aussi de vérifier vos supports et de les réparer si nécessaire. Il est temps aussi d'installer vos plantes grimpantes sur treillage ou sur tuteur. Que ce soit un simple fil ou un treillage, vous aurez besoin de bons outils qui vous permettront de fixer solidement ces éléments au mur.

B (MAP/N. et P. Mioulane)

▲ ***Les pots doivent être nettoyés avant d'être réutilisés. Écartez ceux qui présentent une fissure ou qui sont ébréchés.***

▼ ***Des outils en bon état faciliteront vos gestes.***

C (Inside/J. Darblay)

NE PAS OUBLIER LES ÉLÉMENTS DU DÉCOR

Lorsque vous serez bien paré, prêt à vous lancer dans de nouvelles cultures avec le maximum de chances de réussite, occupez-vous des accessoires de décoration de la terrasse ou du balcon. Nous entendons par accessoires tous les éléments qui n'interviennent pas dans la qualité de la culture, mais dans celle du décor. Ce peut être le revêtement du sol. L'eau d'arrosage a pu l'endommager à certains endroits, il faudra donc le rénover en passant par exemple une peinture spéciale. Ou bien il vous faudra réparer quelques lattes si vous avez un sol en caillebotis. De la même façon, vous procéderez à l'entretien de votre mobilier de terrasse qui est un élément essentiel pour profiter du lieu. Chaises et tables en bois, lorsqu'elles ont passé une saison dehors et un hiver au garage, ont souvent besoin d'un coup de peinture rafraîchissante.

▼ ***Les sols en bois seront rénovés si cela est nécessaire.***

D (MAP/S. Schall)

DES OUTILS POUR VOTRE TERRASSE

Un bon jardinier se doit d'être bien équipé, même quand il ne jardine que sur sa terrasse ou sur son balcon.

Moins nombreux que pour un jardin, quelques outils sont tout de même indispensables pour faire vos cultures sur une terrasse ou sur un balcon. Ceux que vous utiliserez seront les mêmes qu'à l'extérieur, mais en modèles réduits. Le plantoir est essentiel : il vous servira, comme son nom l'indique, à repiquer vos plants de vivaces en pots et jardinières.
C'est tout simplement un cône muni d'une poignée qui sert à faire les trous dans lesquels vous installerez les jeunes plants. Cet outil est très facile à faire soi-même, en choisissant judicieusement une branche d'arbre recourbée que vous taillerez en forme de cône.

A (MAP/F. Strauss)

► ***Sorte de petite pelle, le transplantoir est utile pour différents travaux sur la terrasse ou le balcon.***

LE SAVIEZ-VOUS ?

LES ACCESSOIRES

A côté de l'outillage de base, il y a des accessoires, comme les petits pots de tourbe, le semoir et les étiquettes d'identification, qui sont des plus utiles au jardinier. Les étiquettes s'avèrent en effet particulièrement intéressantes pour se repérer quand on cultive un grand nombre de variétés.

DU PLANTOIR A LA « BINETTE-GRIFFE »

Le plantoir à bulbes, en revanche, devra être acheté. Lui aussi est souvent utile, les plantes à bulbes étant nombreuses à bien pousser en terrasses. Le transplantoir sera également l'un des outils les plus utilisés puisqu'il sert à replanter les végétaux en motte. Il ressemble à une pelle miniature. Tout comme le plantoir à bulbes, vous le trouverez dans n'importe quelle jardinerie à un prix peu élevé. Autre ustensile qui peut avoir son utilité, surtout si vous avez de nombreuses jardinières : celui qui fait à la fois binette et griffe à deux dents. Au bout d'un petit manche, vous avez en effet ces deux éléments en opposition. Avec cette panoplie, vous avez largement de quoi vous livrer à votre passion.

DES SUSPENSIONS BIEN ANCRÉES

Il est tellement agréable d'être entouré de couleurs sur sa terrasse ou son balcon que l'on oublie parfois la sécurité qui doit entourer l'installation de pots ou de jardinières fleuris.

(MAP/Frédéric Strauss)

▲ ***Beauté et sécurité vont de pair : accrochez toujours vos jardinières du côté intérieur de votre balcon ou de votre terrasse, c'est d'ailleurs une obligation si vous habitez en résidence collective.***

Si vous vivez en habitation collective, sachez qu'il est interdit de les accrocher à l'extérieur de la rambarde. Les risques de chute sont en effet trop grands et, si jamais vous ne respectiez pas cette règle et si l'un d'entre eux tombait en blessant un passant, vous seriez sans conteste condamnés. Évitez donc de prendre un tel risque en les accrochant du côté intérieur et solidement.

Dans le cas d'une maison isolée, et même si vous estimez qu'il n'y a aucun danger pour des étrangers, pensez à vos proches et veillez donc à ce que pots et jardinières soient bien arrimés. Il est vraiment conseillé d'attacher à la fois les contenants et les supports. Dans le cas de fort coups de vent, voire de tempête, l'installation vous paraissant à priori la plus sécurisante peut s'avérer très dangereuse.

CONSEIL

ARROSAGE SANS FUITES

Il est très important aussi de veiller à l'arrosage. Même s'il n'a pas des conséquences dramatiques identiques à celles de la chute d'un pot, il peut se révéler très vite désagréable pour les voisins du dessous ou pour les piétons. Si votre terrasse n'est donc pas équipée d'un système d'évacuation de l'eau, utilisez absolument des soucoupes qui la retiennent.

LES BELLES JARDINIÈRES

En terre cuite, en plastique, en pierre, petite, gigantesque ou sur mesure : parmi la gamme immense, vous allez trouver votre jardinière idéale.

(MAPIN. et P. Mioulane)

▲ *Des plus classiques aux plus extravagantes, vous trouverez facilement la jardinière qu'il vous faut et qui vous plaît.*

Deux principes doivent vous guider dans votre choix : le côté pratique et l'aspect esthétique bien sûr. Il faut penser bien naturellement au besoin en terre des plantes que vous allez installer dans ces jardinières, mais aussi à la facilité que vous aurez de déplacer les contenants. Si vous êtes sûr de laisser vos plantations au même endroit pendant toute leur durée de vie, le poids des jardinières n'a pas beaucoup d'importance. Dans le cas de plantes annuelles, vous n'aurez certainement pas le temps de revenir sur votre choix. Mais dans le cas de vivaces ou d'arbustes, n'aurez-vous pas envie, à un moment ou à un autre, de les déplacer pour modifier votre décor ?

ESTHÉTIQUE ET PRATIQUE

Une très belle jardinière en pierre vous a peut-être séduit mais demandez-vous si celle d'à côté, en terre cuite, bien plus légère, ne serait pas mieux adaptée. En dehors de ces considérations de poids, d'autres critères s'imposent en fonction de la plantation que vous souhaitez faire des plantes annuelles, aux racines peu développées, qui n'ont pas un besoin de terre très important, 15 ou 20 cm de profondeur suffisant largement.
Des vivaces en réclameront un peu plus, il faudra donc opter pour une jardinière plus profonde.
Elle devra l'être encore plus si vous voulez y mettre un arbuste. Vérifiez que le fond est bien percé, sinon faites-le vous-même, c'est la condition d'une bonne santé de vos plantes qui, si l'eau stagne, risquent de pourrir.
Comme pour les pots, il faut disposer des soucoupes sous vos jardinières, il en existe de toutes les tailles.

LES BACS À RÉSERVE D'EAU

S'ils peuvent à première vue paraître séduisants, les bacs à réserve d'eau doivent être utilisés avec précaution.

Pour ceux qui s'absentent régulièrement, c'est bien évidemment la solution idéale. Les pots ou les jardinières à réserve d'eau permettent en effet de réduire les arrosages. Il suffit de remplir le réservoir, et l'on est tranquille pendant une quinzaine de jours. Cela, c'est pour le côté positif. Mais il faut faire bien attention à la façon de les utiliser, et notamment à leur emplacement. Si par exemple ils reçoivent les eaux de pluie, vos plantes risquent de pourrir par la racine. Le principe de ces bacs étant d'alimenter les racines par capillarité, tant qu'il y a de l'eau dans le réservoir, les plantes vont l'absorber progressivement. Il est donc nécessaire d'attendre quelques jours

MAP/F. Strauss

▲ ***Des pots très pratiques, mais qui ne conviennent pas à toutes les plantes.***

MAP/F. Strauss

▼ ***Des pots plus particulièrement recommandés pour les plantes d'intérieur.***

avant de remplir à nouveau, le temps que les racines s'aèrent un peu. En revanche, si le bac est alimenté en permanence par l'eau de pluie, votre plante va regorger d'eau. La plupart des espèces n'aiment pas la sécheresse, mais n'apprécient pas plus un excès d'humidité. Ce type de bac est donc à utiliser de préférence à l'intérieur, et en veillant à son alimentation. L'autre piège réside dans la fréquence des remplissages : comme ils sont éloignés, il est facile d'oublier de réapprovisionner la réserve. Il est par ailleurs souhaitable de rempoter chaque année les plantes qui y seront installées. Toutes ces précautions étant prises, les jardinières et les pots à réserve d'eau conviennent quasiment à toutes les plantes.

BIEN UTILISER LES CACHE-POT

Vous pouvez les acheter ou les fabriquer vous-même. Ils peuvent être un élément de décoration intéressant.

Pour commencer cette rubrique, nous aurions envie de dire qu'en choisissant de beaux pots (et on en trouve beaucoup) il n'y aurait pas besoin de cache-pot. Néanmoins, vous pouvez avoir envie d'en utiliser pour certaines de vos plantes. Vous avez en fait un choix immense dans ce domaine. Cela va des cache-pot que vous réaliserez vous-même dans différentes matières (papier, plastique, paille, bambou...), à ceux que vous achèterez dans votre jardinerie préférée, chez le brocanteur, au grand magasin ou même dans une boutique de décoration. Leur prix variera bien évidemment en fonction de nombreux facteurs.

CACHE-POT A LA CARTE

Nous ne ferons pas une étude comparative de ces différents objets décoratifs (et il en existe de très beaux), mais nous nous limiterons à vous mettre en garde sur l'utilisation des cache-pot en dur (faïence, céramique, terre cuite...), ceux qui ne laissent pas l'eau s'évacuer. En effet, il faut faire preuve de la plus grande prudence dans leur usage, la plupart de vos plantes d'intérieur ne supportant pas l'eau stagnante. Sachez donc qu'une plante installée ainsi dans un cache-pot court les plus grands risques. Pour les mettre dans de tels supports, préférez, par conséquent, les plantes aimant l'eau. Il n'est ainsi absolument pas gênant de mettre un pot de géranium dans un cache-pot en été. Son besoin en eau est tel que la plante ne pourrira pas. Ce pourra même être une bonne idée de remplir le cache-pot quand vous vous absenterez quelques jours. Pour toutes celles qui craignent l'excès d'eau, en revanche, optez plutôt pour le cache-pot en matière tout à fait perméable.

(MAP/Arnaud Descat)

▲ *Réservez l'usage du cache-pot aux plantes qui adorent l'eau.*

DES POTS EN TERRE CUITE

Classiques ou décoratifs, les pots en terre cuite accompagnent le jardinier tout au long de sa vie.

Depuis toujours, les jardiniers utilisent des pots en terre cuite pour leurs fleurs. Ce n'est pas un hasard. Plus fragiles que les pots en plastique mais plus esthétiques, les pots en terre cuite « vivent ». Leur porosité permet des échanges entre la plante et l'extérieur, ce qui empêche notamment la motte de terre et les racines de pourrir par étouffement.

(MAP/F. Strauss)

▲ *Ornée de décors simples ou plus sophistiquées, la terre cuite donne du caractère à vos compositions.*

UNE PRÉPARATION EST NÉCESSAIRE

Lorsque vous utilisez un pot de cette nature pour la première fois, il est conseillé de le faire tremper toute une nuit dans l'eau afin qu'il s'en imprègne. Cela lui évitera d'absorber l'humidité que vous apporterez par la suite à la plante. Si cette dernière nécessite un arrosage important, n'oubliez pas de mettre une soucoupe, en terre cuite également, sous le pot. Quoi qu'il en soit, il est bon, si vos pots sont installés à l'extérieur, de les isoler de la terre en les posant sur des petits tasseaux. Cette astuce présente deux avantages : le pot ne sera pas « étouffé » car l'air pourra circuler par-dessous, et les racines n'iront pas chercher leur nourriture dans le sol de votre jardin.

▼ *Il existe des pots de toutes les formes et de toutes les tailles.*

(MAP/F. Strauss)

ATTENTION AU GEL !

En hiver, surtout dans les régions qui connaissent des froids rigoureux, il est préférable de mettre vos pots en terre cuite à l'abri. Dehors, ils risqueraient de geler et de se briser. Juste avant de les rentrer, si vous avez retiré la plante et la terre, nettoyez-les bien. Ainsi, ils seront prêts à resservir dès le début du printemps. Dans toutes les jardineries et magasins spécialisés, vous trouverez une large gamme de pots en terre cuite, des plus simples aux plus sophistiqués. Si vous avez la chance d'habiter près de magasins de poteries, allez faire un tour dans leur hall d'exposition. Vous en repartirez sans aucun doute avec des pots ravissants.

Fleurs, plantes et arbustes

DES AGRUMES À PORTÉE DE MAIN

Vous ne récolterez sans doute pas des tonnes de fruits, mais vous aurez tout de même le plaisir d'avoir des oranges ou des citrons chez vous.

Finie l'époque où l'on nous affirmait que les orangers ne poussaient que dans les régions méditerranéennes. Enfin, finie ou presque. S'il est vrai que l'on peut aujourd'hui se faire plaisir en cultivant quelques-uns de ces arbres rares sur sa terrasse, à peu près n'importe où, la plupart des agrumes ne continueront à pousser que dans des zones géographiques au climat favorable. En clair, en France, seule la Côte d'Azur permet à ces arbres de se développer dans les meilleures conditions possibles.

ILS NE SUPPORTENT PAS LE GEL

Partout ailleurs, vous pourrez tout de même avoir de jolis arbres qu'il vous faudra protéger des froids.

CONSEIL

Souvent assez gourmands, ces agrumes demandent un apport régulier d'engrais que l'on trouve dans le commerce sous le nom de « Spécial agrumes » ou sous une appellation voisine. Des pépiniéristes conseillent même, en hiver, d'arroser les arbres deux ou trois fois par mois, surtout lorsqu'ils sont jeunes, avec une solution à base de cet engrais diluée à 10 %.

(MAP/F. Strauss)

▲ *De mi-mai à octobre, vous pouvez les mettre dehors, plus longtemps si vous habitez la Côte d'Azur.*

► *Les fruits des citronnier, mandarinier ou oranger ne peuvent supporter des températures inférieures à 0 °C.*

(Inside/J.-F. Jaussaud)

Vous pourrez les sortir effectivement sur votre terrasse de la mi-mai jusqu'à octobre sans aucun risque. Dans les régions les plus fraîches, faites tout de même attention aux gelées printanières tardives. Même s'il faut descendre jusqu'à environ - 10 °C pour que les branches de ces arbres gèlent, les fruits, eux, sont beaucoup plus sensibles. Au-dessous de 0 °C, ils ne résistent pas. Pendant tout le reste de l'année, il faudra bien les abriter à la maison.
Cette contrainte, bien évidemment, va vous limiter dans le nombre de sujets que vous pourrez cultiver. Même s'ils n'atteignent pas forcément des tailles gigantesques, ils arrivent relativement facilement à 2 ou 3 m de hauteur. Il est préférable de cultiver vos agrumes dans des caisses que vous transporterez aisément.

CITRONS, MANDARINES ET ORANGES

Tenant compte de ces facteurs, nous vous conseillons tout de même de ne pas vous limiter à un seul sujet. A l'intérieur de la maison en hiver, en terrasse l'été, vous apprécierez vraiment leur compagnie. Voici quelques variétés parmi les mieux adaptées à ce type de culture. Les mandariniers de type satsuma se plaisent bien sur nos terrasses ensoleillées à la belle saison, ils sont assez résistants et donnent de jolis fruits. Pour les orangers, les variétés 'Navel' sont à rechercher, d'une part parce qu'elles sont de maturité précoce et d'autre part parce que les fruits sont de bonne qualité. 'Lisbonne' est certainement la variété la plus rustique chez les citronniers et 'Rangpur' pour les citrons verts.

PAS A PAS

UNE CULTURE EN CAISSE

Dans une bonne caisse spacieuse, à l'abri et à la lumière, vos agrumes attendront la sortie des beaux jours.

1 - Choisissez une caisse en bois dont vous remplirez le fond avec des graviers.

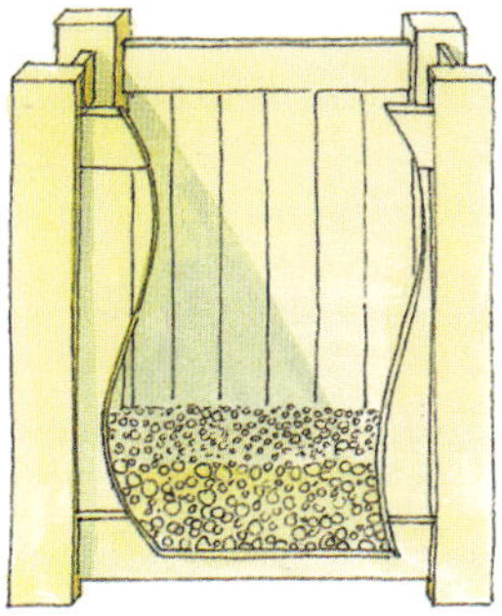

2 - Plantez l'arbre dans un mélange de terre, de terreau et de sable.

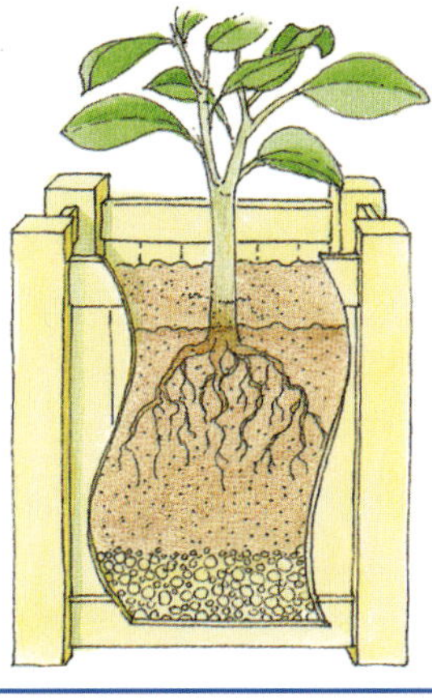

3 - D'octobre à mai, placez votre plante dans une pièce pas trop chauffée, mais en pleine lumière et à l'abri du gel.

4 - Dès que les gelées ne sont plus à craindre, sortez-la sur la terrasse.

(Illustrations : Steen)

L'EXOTIQUE BANANIER

Pour vous faire rêver à de lointaines contrées ensoleillées, voici une plante qui donnera une ambiance particulière à votre maison.

Pour vos bananes, vous devrez continuer à aller vous approvisionner chez votre marchands de fruits et légumes préféré, mais rien ne vous empêche de cultiver un bananier à la maison. Même s'il ne vous donne pas de fruits, c'est un arbre décoratif appréciable. Pour être plus exact, c'est une plante herbacée et non pas un arbre au sens strict du terme.

DES FEUILLES IMMENSES

C'est bien sûr le feuillage qui est original : des feuilles qui peuvent atteindre plus de 3 m de longueur et 70 cm de largeur ! Surtout chez *Musa ensete* qui, dans son milieu naturel en Éthiopie (une origine qui lui a valu le surnom de bananier d'Abyssinie), vient à 4 ou 5 m de hauteur.

PROPORTIONS DU BANANIER

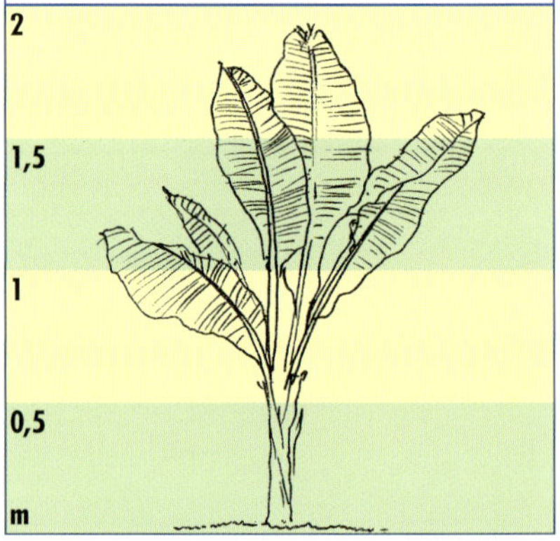

▼ ***Véritable orgueil de la serre, le bananier séduit par ses immenses feuilles d'un vert éclatant.***

A (MAP/A. Descat)

◄ *Les feuilles de l'espèce* **Musa ensete** *peuvent atteindre 3 m de long dans son milieu naturel.*

B (MAP/F. Didillon)

En pot, il ne dépasse guère 2 m. Les feuilles sont d'un beau vert avec des nervures et des tiges rougeâtres. Une autre espèce, *Musa basjoo,* ou bananier du Japon, est plus rustique que la précédente, acceptant même dans de nombreuses régions de France, de devenir une plante d'extérieur si l'on prend bien soin de pailler le pied en hiver.

L'HIVER EN SERRE, L'ÉTÉ EN TERRASSE

Quelle que soit l'espèce que vous cultiverez, elle devra être exposée au soleil, sauf au tout début parce que les jeunes feuilles de bananier sont sensibles aux rayons trop violents du soleil. L'idéal est de la cultiver en serre et de la sortir sur la terrasse ou dans le jardin en été. La croissance étant très rapide, il faut surveiller l'évolution des racines qui se retrouvent très vite à l'étroit. Il ne faut donc pas hésiter à rempoter dès que le contenant vous paraît trop petit pour la plante.
Un mélange de terreau et de bonne terre de jardin convient parfaitement. Il faudra l'arroser une fois par jour du milieu du printemps à la fin de l'été, en rajoutant de temps en temps un engrais liquide à base d'azote. En dehors de cette période, un apport d'eau hebdomadaire suffit. En hiver, il est même bon de réduire encore plus l'arrosage, une fois par mois environ.

DES FLEURS PEUT-ÊTRE

La meilleure façon d'obtenir ces plantes reste le semis sur couche chaude, sauf pour le bananier japonais qui peut aussi être reproduit par drageonnage, c'est-à-dire en prélevant des pousses avec des racines, et en les replantant dans un mélange terreux identique à celui du pied mère. Le semis s'effectue à partir de février ou mars, en serre, et on repique la plante quand elle a atteint 7 ou 8 cm, toujours en serre. S'il est certain que ces plantes ne donneront pas de fruits, il arrive parfois qu'elles laissent apparaître quelques fleurs. Ce peut être le cas, assez rarement, de *Musa cavendishii* (appelé aussi *Musa acuminata*).

CONSEIL

En raison de sa taille, le bananier est une plante à privilégier lorsque l'on a une grande terrasse bien exposée pour pouvoir le sortir en été. De plus, il est bon, pour les autres saisons, de posséder de grandes ouvertures vitrées (ou mieux, une serre) pour lui faire profiter de la lumière dont il a besoin à cette époque. Cela dit, c'est une plante tellement étonnante et originale que vous pouvez tenter sa culture même si vous habitez en appartement. Il peut réserver d'agréables surprises...

	REMPOTAGE	EXPOSITION	TERRE	ARROSAGE	UTILISATION
Bananier	printemps	soleil indirect	terreau + terre de jardin	régulier	en pots

C (MAP/A. Descat)

▲ *Vous aurez peut-être le privilège de voir quelques fleurs, surtout si vous disposez de l'espèce* **Musa cavendishii.**

LE BASILIC OU PISTOU PROVENÇAL

Le basilic est une plante qui saura vous séduire dès lors que vous l'aurez introduite dans votre cuisine.

Tous les Provençaux connaissent le basilic. Mais sous un autre nom : c'est le pistou, qui sert à faire la fameuse soupe. Originaire d'Iran ou d'Inde, le basilic s'est parfaitement acclimaté dans le monde entier. En cuisine, où il apporte ses arômes incomparables, on utilise essentiellement les feuilles et les jeunes pousses.

IL AIME SOLEIL ET CHALEUR

La culture est assez facile, à condition de respecter certaines règles. Il faut d'abord que le basilic soit bien exposé au soleil, qu'il soit préservé des températures glaciales.
En avril ou en mai, selon les climats, on sème les graines en pots ou même en pleine terre dans les régions les plus ensoleillées. Au bout d'une semaine environ, dès que les pousses apparaissent, il faut éclaircir pour que les petits plants restants prennent de la vigueur.
En mai ou en juin, vous pouvez mettre les plants les plus robustes en place, là où vous le souhaitez. Quel que soit l'endroit choisi, il sera nécessaire d'arroser régulièrement, le basilic étant un grand amateur d'humidité. Si vous n'avez pas envie de faire ces semis et de suivre la croissance de votre basilic, vous pouvez à cette époque également trouver des pousses déjà venues dans votre jardinerie.
Un mois après l'avoir transplanté, vous pourrez goûter

(MAP/F. Didillon)

▲ *Vasque de terre cuite contenant du basilic de la variété 'Grand Vert'.*

LES USAGES CULINAIRES

Les Italiens adorent mettre du basilic dans les sauces qui accompagnent les pâtes. Et il est vrai que la plante se marie très bien avec la tomate ainsi qu'avec les champignons. En Provence, la célèbre soupe au pistou se prépare avec des pommes de terre, des courgettes, des haricots verts, des haricots frais en grains, un oignon. On fait cuire l'ensemble et on écrase. On ajoute des pâtes de type vermicelles et ensuite le fameux pistou, qui est un mélange de basilic, d'ail, de tomates très mûres, d'huile d'olive et de parmesan.

votre basilic. Pour commencer, pincez les pousses terminales : le feuillage sera ensuite beaucoup plus épais. En procédant ainsi régulièrement, vous aurez une très belle plante qui se développera jusqu'à l'automne.

LE 'GRAND VERT' OU COMMUN

La variété la plus usitée en matière culinaire est le basilic 'Grand Vert', encore appelé basilic commun. Ses feuilles sont larges, d'un vert très dense et un peu recourbées vers l'intérieur. On utilise de préférence les feuilles quand

(MAP/F. Didillon)

▲ ***Le basilic 'Fin Vert' a plus un rôle décoratif, mais peut toutefois être utilisé en cuisine.***

elles sont jeunes. Il est cependant possible de faire sécher le basilic, mais il faut savoir que ses arômes ne seront plus les mêmes. Pour faire sécher les feuilles, il faut les cueillir en été et les laisser au soleil. Vous les conserverez ensuite dans un bocal hermétique.

PAS A PAS

SEMER SON BASILIC

Si vous semez des graines de basilic, il est important de bien suivre la croissance et de procéder à quelques coupes et éclaircies pour que vos plantes poussent dans les meilleures conditions.

1 - Après avoir semé les graines dans un pot, éliminez une partie des pousses qui sortiront de terre environ une semaine plus tard.

2 - Lorsque les pousses sont suffisamment belles, transplantez-les en pots ou en pleine terre. Dans ce dernier cas, il faut espacer les plants d'une trentaine de centimètres.

3 - Pincez les sommités des plantes avec vos doigts. Cette opération donnera de la vigueur à votre basilic, qui aura un feuillage plus dense.

4 - Pour la cuisine, prenez de préférence les jeunes feuilles. Coupez-en régulièrement pour une bonne croissance de la plante.

(Illustrations : Steen)

	EXPOSITION	REPIQUAGE	SEMIS	ARROSAGE
Basilic	ensoleillée	de mai à juin	d'avril à mai	fréquent

LE PETIT 'FIN VERT'

L'autre variété que l'on trouve souvent dans le commerce est le petit basilic, ou basilic 'Fin Vert'. Ses feuilles sont beaucoup plus petites que celles du basilic 'Grand Vert' et, même si on peut aussi l'utiliser en cuisine, il est plutôt destiné à devenir une plante d'agrément que l'on met en bordure ou en pots.

LES BÉGONIAS AU BALCON

Le bégonia tubéreux est une plante qui accepte toutes les expositions, ce qui permet de décorer la plupart de nos terrasses et balcons avec lui.

Il n'a pas encore détrôné le pélargonium, le véritable roi des balcons, mais il a tout de même fait une entrée en force : le bégonia tubéreux, pour notre plus grand bonheur, est en effet en passe de devenir l'une des fleurs préférées des Français.

NE PAS OUBLIER LE TUTEUR

Plante fragile, il demande un peu d'attention. Il faut notamment attendre que les gelées printanières ne soient plus à craindre pour le sortir.

UN COUP DE FOUET

Au moment de la plantation des bulbes, il est bon d'ajouter un peu d'engrais. Dès l'instant où vous sortirez vos pots, vous mettrez un peu d'engrais liquide une ou deux fois par mois jusqu'à la floraison des plantes.

▼ *Avec le bégonia tubéreux, votre terrasse révèle tout son charme. Vous ne le sortirez pas tant que les risques de gelées sont à craindre.*

A (MAP/A Descat)

B (MAP/F. Strauss)

▲ *Vous recommencerez à l'arroser un mois avant de l'installer sur la terrasse ou le balcon.*

Auparavant, vous aurez lancé la mise en végétation vers la mi-février en plaçant les bulbes dans une caissette remplie d'une couche de tourbe. L'idéal est de les mettre à la cave, dans l'obscurité, sauf si celle-ci est trop humide. En fait, l'important c'est qu'ils soient dans le noir à une température constante de l'ordre d'une dizaine de degrés. Dans ces conditions, les bulbes vont laisser apparaître des petites pousses. C'est alors qu'il faudra les mettre dans un pot rempli d'un mélange de bonne terre de jardin et de tourbe, en proportion équivalente, avec un lit de gravillons au fond. Le diamètre du pot devra être un peu plus de deux fois plus gros que le bulbe lui-même. Cette mise en pot se déroule aux environs de la mi-avril.

RENTRER LES BULBES AVANT LES FROIDS

Alors que, jusqu'ici, les plantes étaient au régime sec, vous recommencerez à les arroser dès qu'elles sont en pot, à raison de deux fois par semaine environ. Vous ne les sortirez qu'un mois plus tard sur la terrasse ou le balcon. A ce moment-là, vous planterez un tuteur délicatement dans le pot. Il servira à tenir la tige à laquelle vous le lierez régulièrement, au fur et à mesure de la croissance. Dès la deuxième partie du mois de juin, vous verrez apparaître les premières fleurs. Pendant tout l'été, et jusqu'à la fin septembre, parfois même plus tard, vous profiterez des couleurs variées de vos bégonias. Quand la floraison sera terminée et que le feuillage aura jauni, vers la fin octobre, vous couperez les tiges que vous brûlerez et vous retirerez les bulbes que vous entreposerez sur des claies.
Du jaune au rouge, en passant par l'orangé, vous aurez de nombreuses teintes à votre portée si vous décorez votre terrasse avec des bégonias. En jouant sur ces couleurs et sur la taille des plantes, qui peut varier considérablement, vous réussirez à faire de magnifiques compositions qui vous feront oublier les plantes que vous cultiviez auparavant. Par ailleurs, le bégonia pousse aussi bien à l'ombre qu'à la mi-ombre, et même au soleil à condition de lui donner quelques heures ombragées dans la journée. Par conséquent, il peut être cultivé sur à peu près toutes les terrasses et tous les balcons, quelle que soit leur exposition.

▼ *S'il bénéficie de quelques heures d'ombre dans la journée, vous pourrez même l'installer dans un lieu ensoleillé.*

C (MAP/F. Strauss)

DES BONSAÏS SUR VOTRE TERRASSE

On en voit parfois au Japon, mais très peu chez nous. C'est dommage : une terrasse ornée de bonsaïs a vraiment du caractère.

De superbes bonsaïs peuvent être cultivés comme plantes d'intérieur. On en trouve beaucoup chez les pépiniéristes spécialisés ou dans les jardineries. Ce que l'on sait peut-être moins, c'est que les bonsaïs d'extérieur sont tout aussi nombreux. Et ils peuvent être sublimes sur une terrasse.

CE SONT DES ARBRES AVANT TOUT

Si vous choisissez pour décorer votre balcon ou votre terrasse ces arbres miniatures, sachez que votre espace risque d'être occupé pendant de longues années. En effet, et si tout se passe bien, vos bonsaïs sont avant tout des arbres et leur durée de vie peut être exceptionnellement longue. Outre les conseils de culture que l'on peut vous donner pour conduire ces petits arbres, sachez que votre décoration de terrasse doit avant tout répondre à des critères harmonieux. Cela passe par une organisation de l'espace qui tient compte de la taille de ces plantes. D'ailleurs, tous les arbres bonsaïs n'ont pas la même taille. S'ils ont en commun d'être miniaturisés, ce sont tout de même des arbres avec des hauteurs et des ports différents. Sans oublier le fait qu'il en existe au feuillage persistant et d'autres aux feuilles caduques.

▼ ***Parfaits pour la terrasse ou le balcon, les bonsaïs y seront à l'abri des excès climatiques et vous permettront de créer un espace harmonieux, « réplique miniature » de la nature.***

A (MAP/N. et P. Mioulane)

B (MAP/A. Descat)

▲ *Quelle que soit l'espèce choisie et sa forme, l'arbre devra exprimer à la fois force et beauté.*

Dans l'hypothèse où vous possédez de nombreux bonsaïs, vous devrez les disposer de la même manière que d'autres plantes cultivées en pot. En jouant sur la hauteur des supports (étagères, échelles...), sur les différences de niveaux, sur les profondeurs, etc.

RECRÉER UN DÉCOR NATUREL

Pour ce qui est du choix des arbres, il est infini. Outre les traditionnelles variétés que l'on trouve dans le commerce, il est tout à fait possible de réaliser ses propres bonsaïs, à partir d'arbres poussant naturellement dans la région. Qu'ils soient fruitiers ou décoratifs, on peut en effet miniaturiser la plupart des espèces. Ce qui permet d'obtenir des décors tout à fait exceptionnels, qui peuvent, par exemple, être des « copies » d'un paysage naturel. Cela implique, bien évidemment, une construction du décor intégrant, en plus, d'autres végétaux que les bonsaïs. Vous n'utiliserez cependant ceux-ci qu'en toile de fond, une plante de taille normale (un géranium, par exemple) risquant de choquer à côté d'un bonsaï.

Vous choisirez judicieusement le mélange terreux en fonction de la nature de l'arbre : terreau, terre et sable pour la plupart ; sans sable pour les fruitiers.

N'oubliez pas non plus de percer, si ce n'est déjà fait, le fond du pot et de mettre un petit grillage très fin. L'eau d'arrosage ainsi ne stagnera pas et la terre restera dans le pot.

L'arrosage, justement, doit être fréquent, mais pas forcément en quantité importante. L'essentiel est que la terre reste humide. Une fois par mois, pendant la période de croissance, vos bonsaïs doivent être fertilisés avec un engrais spécifique.

En suivant ces quelques règles, et en faisant abstraction de toutes les opérations de taille nécessaires à l'obtention de tels arbres, vous obtiendrez une terrasse qui ne passera pas inaperçue.

L'ARBRE ET LE POT

Dans l'organisation de votre terrasse, vous aurez à tenir compte d'un critère essentiel : le pot lui-même. En effet, on plante traditionnellement les bonsaïs dans des pots très esthétiques, beaucoup plus jolis que les traditionnels pots de grès réservés aux autres végétaux. Leur forme et leurs proportions jouent un rôle important dans l'art de cultiver les bonsaïs.

▼ *En installant vos bonsaïs à des niveaux différents, vous les mettrez plus encore en valeur.*

C (MAP/N. et P. Mioulane)

UN AIR DE SOLEIL AVEC LA BOUGAINVILLÉE

Même si vous n'habitez pas une région fortement ensoleillée, tentez la culture de la bougainvillée et ménagez-lui un coin de lumière.

Tout le monde n'a pas la possibilité de vivre sous le soleil de la Côte d'Azur, là où l'on peut cultiver la bougainvillée (on dit « la bougainvillée » ou « le bougainvillier ») en pleine terre. Rassurez-vous cependant, vous pouvez très bien profiter de cette plante magnifique si vous habitez au nord de la Loire. La seule condition à une bonne évolution de la bougainvillée : être installée à l'intérieur de la maison pendant les saisons les plus critiques d'un point de vue climatique.

BEAUCOUP DE LUMIÈRE

Cette plante supporte très bien la culture en pot qu'il faut choisir assez grand et assez profond pour qu'elle puisse bien s'exprimer. Elle doit être installée à un endroit qui reçoit le soleil et, plus généralement, beaucoup de lumière.

LE SAVIEZ-VOUS ?

Étant donné le nom de cette plante, on se doute qu'elle le tient du comte Louis-Antoine de Bougainville, diplomate et navigateur du XVIIIe siècle. Mais c'est un médecin participant régulièrement aux expéditions de Bougainville, Philibert Commerson, qui l'a désignée sous ce nom. Découverte au Brésil, on constate que son introduction en Europe est donc relativement récente.

(MAP/F. Strauss)

▲ *La bougainvillée aime la lumière, c'est une des conditions à son plein développement.*

PROPORTIONS DE LA BOUGAINVILLÉE

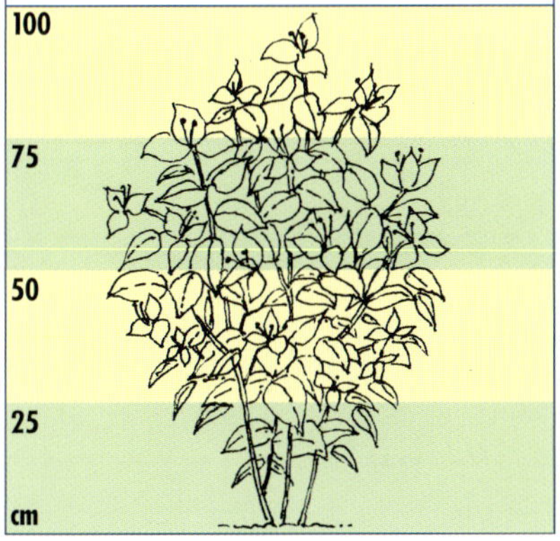

Pour accentuer la luminosité qu'elle réclame, l'idéal est de la placer près d'un mur très clair qui reflétera la lumière. En été, la terre de culture, qui sera de bonne qualité, devra être arrosée fréquemment, en évitant absolument le dessèchement. Régulièrement, vous devrez ajouter un peu d'engrais. L'apport en eau, en revanche, sera fortement réduit pendant la période de repos de la bougainvillée, c'est-à-dire de fin octobre jusqu'au début du printemps.

LES BEAUX JOURS AU GRAND AIR

Dès la fin des gelées, vous pourrez sans aucun risque mettre votre plante sur la terrasse, elle appréciera cette sortie à la condition expresse d'être à l'abri du vent.
Pour favoriser l'apparition de nouveaux rameaux, il est impératif, à l'automne, de tailler les pousses. Lorsque la bougainvillée se plaît bien à l'endroit où vous avez décidé de l'installer, elle croît rapidement. Aussi, il sera nécessaire de la rempoter, de préférence au début du printemps, tous les deux ou trois ans. Entre deux rempotages, il est bon de surfacer la terre chaque année.

▼ ***Au retour des beaux jours, entre avril et mai selon votre région, vous sortirez votre bougainvillée sur la terrasse ou le balcon.***

(MAP/A. Descat)

DES BRACTÉES MAGNIFIQUES

Selon la variété que vous choisirez, il vous faudra la tuteurer soit avec un simple arceau, pour les plus petits sujets, soit avec un système de fils de fer sur lesquels les bougainvillées les plus grandes courront. L'espèce habituellement la plus cultivée en pot est *Bougainvillea glabra* dont il existe de nombreuses variétés aux couleurs pourpre, rose ou orange.
Ce qui est caractéristique chez les bougainvillées, c'est que ce sont les « feuilles » entourant des fleurs minuscules (que l'on confond souvent avec le pistil) qui se colorent.
On les appelle des bractées.

CONSEIL

UNE BONNE CONDUITE

Pour donner à votre bougainvillée toutes les chances de s'épanouir, il suffit de respecter ces quelques points.

1 - Installez votre bougainvillée devant une fenêtre exposée au sud et, si possible, près d'un mur clair qui reflétera la lumière.

2 - En été, arrosez copieusement la plante, environ trois fois par semaine.

3 - Après la floraison, taillez les pousses en donnant à la plante la forme que vous souhaitez lui voir prendre.

LA SAVOUREUSE FRAÎCHEUR DU CERFEUIL

Plante aromatique, le cerfeuil pousse dans toutes les terres. Il apporte à vos plats un goût subtil très recherché.

C'est son goût anisé qui caractérise l'*Anthriscus cerefolium*, plus communément appelé cerfeuil commun. Cette plante condimentaire, qui ressemble un peu aux fanes de carottes, s'obtient très facilement au jardin comme en pots ou en jardinières.

UNE RÉCOLTE ININTERROMPUE

On sème ses petites graines noires dès la fin du mois de mars dans un coin du jardin, ou bien en lignes espacées d'une vingtaine de centimètres, et on peut récolter les feuilles un mois et demi plus tard. Les graines doivent être à peine enterrées, le semis est ensuite tassé avec le dos du râteau et l'arrosage doit être régulier. Comme c'est une plante annuelle, elle ne repousse pas après cueillette.

(MAP/A Descat)

▲ *Le pot convient bien au cerfeuil à condition de le planter dans un mélange de terreau et de sable.*

LE SAVIEZ-VOUS ?

Il semble que le cerfeuil commun soit utilisé depuis très longtemps, et qu'il le fut d'abord comme plante médicinale. Il est en effet prescrit par les herboristes pour soigner certains problèmes circulatoires, comme les hémorroïdes, ou bien utilisé comme diurétique.

Cerfeuil	PLANTATION	RÉCOLTE	EXPOSITION	ARROSAGE	UTILISATION
	de mars à octobre	de mai à novembre	mi-ombre	régulier en été	massifs, en lignes, en pots

(MAPIA Descat)

▲ *Dès qu'il fait chaud, la plante monte vite en graine. A surveiller donc !*

PROPORTIONS DU CERFEUIL

Par conséquent, si vous voulez en avoir pratiquement toute l'année, il faudra régulièrement (toutes les trois semaines, par exemple) refaire des semis. Le cerfeuil se prête parfaitement à une telle culture du printemps jusqu'au milieu de l'automne, et même au-delà à la maison.

TERREAU ET SABLE DANS LES POTS

Au jardin, la plupart des terres lui conviennent. En pots, il est bon de lui offrir un mélange de terreau et de sable, en fait une terre assez riche. Par temps chaud, il est conseillé de bien surveiller l'évolution de la plante qui monte facilement en graine.
Il faut donc prélever les feuilles avant, et se servir ensuite sur les plants qui ont été semés ultérieurement.

CE PETIT GOÛT QUI CHANGE TOUT

Le cerfeuil apportera ainsi un goût incomparable à vos salades ou vos omelettes. Vous pourrez également préparer d'excellents potages avec les feuilles que vous ne devez pas cuire, sinon les saveurs disparaissent. De la même façon, vous n'utiliserez que des feuilles fraîches, le cerfeuil ne supportant pas le séchage, contrairement à d'autres plantes condimentaires, comme le thym ou le laurier.

CONSEIL

– Une petite astuce si vous n'avez pas le temps de semer du cerfeuil tout au long de l'année : il se conserve très bien par congélation. Si vous n'avez donc la possibilité de faire qu'un seul semis, faites-le plus important et congelez une partie de votre récolte que vous pourrez utiliser facilement selon vos besoins.

**– Certaines plantes condimentaires (et ce n'est pas le cas du cerfeuil) se prêtent bien au séchage et expriment de bonnes saveurs lorsqu'elles sont utilisées ainsi. Cependant, quelle que soit la plante, il est toujours préférable de s'en servir lorsqu'elle est fraîche. Et même fraîchement coupée. Il est conseillé de la couper juste avant son utilisation en cuisine.
D'où l'intérêt d'en avoir en pots dans la maison. Là, elles sont vraiment à portée de main, passant directement du pot au plat.**

VOUS AVEZ DIT CHRYSANTHÈME ?

Quoi de commun entre la grosse fleur de la Toussaint et l'humble marguerite des prés ? Peu de choses pour l'œil, mais dans l'immense royaume des chrysanthèmes poussent des fleurs pour tous les goûts.

Il est la « fleur d'or ». Celle que l'on cultivait en Chine deux millénaires avant J.-C. Au Japon, il devint tout naturellement la « matérialisation du soleil » : stylisé avec seize pétales, il symbolise alors une rose des vents au centre de laquelle l'empereur du Japon régit et résume le temps et l'espace ! Aujourd'hui, la constitution de son pays ne laisse guère de pouvoirs au Mikado, mais, sous tous les cieux du monde, *Chrysanthemum* n'en finit pas de fleurir, accompagnant les bons et mauvais jours de l'humanité.

LA RICHESSE D'UN GENRE

Blanche, elle fut longtemps la fleur que la jeune mariée de nos provinces portait en bouquet au pied de l'autel : c'est la marguerite de nos prés *(Chrysanthemum maximum)* à laquelle les horticulteurs ont su donner de la majesté.

(MAP/F. Strauss)

▲ ***A l'automne, sur le balcon, la couleur est de mise avec des variétés de chrysanthèmes à floraison tardive cultivées en pots.***

(MAP/A. Guerrier)

◄ ***Une fleur aux proportions parfaites pour la marguerite en couronne ou chrysanthème des jardins*** (C. Coronarium) ***qui s'épanouit au cœur de l'été.***

(MAP/A. Descat)

▲ *C'est au soleil, dans un sol bien frais et bien drainé, que le chrysanthème (à l'exception du chrysanthème alpin) fleurit avec le plus d'éclat.*

Aux multiples et longs pétales pleureurs, terre de Sienne ou rose fané, c'est la plante que l'on dépose sur les tombes à la Toussaint. Multiples, en effet, sont les apparences que peut revêtir cette fleur composée.

LES MYSTÈRES DE LA BOTANIQUE

Aujourd'hui, toutefois, les botanistes sont (presque) tous d'accord : chrysanthèmes vivaces ou annuels, marguerites (à l'exclusion des reines-marguerites ou *Callistephus*) et autres leucanthèmes, anthemis (pour la plupart), pyrèthres, qu'ils culminent à 1,5 m ou rasent le plancher des vaches, buissonnent sur les pelouses ou tapissent des gazons, ressemblent à des pivoines dorées ou à des petits tournesols blancs, toutes ces espèces appartiennent au même genre *Chrysanthemum*.

Ces grands mystères de la physiologie, de la génétique et de la biologie végétale ne sont pas des lois formelles : c'est en sélectionnant et en croisant ces espèces si disparates en apparence (et seulement ces espèces) que les « chrysanthémistes » (cette aristocratie de l'horticulture) ont pu créer des milliers de variétés à partir des 70 ou 80 espèces primaires (et continuer de le faire)… Par exemple, le « chrysanthème en pot de la Toussaint » (des variétés d'automne dont la floraison est retardée artificiellement) résulte de nombreux croisements entre deux arbrisseaux d'Extrême-Orient dont l'aspect a fort peu à voir avec celui de la fleur que nous déposons sur les tombes. Pour autant, ne dédaignons pas les classifications utilitaires des horticulteurs, des fleuristes, des jardiniers et même du public qui, avec des nuances diverses et un certain bon sens, a réservé le mot chrysanthème à des espèces ou variétés, annuelles ou vivaces, qui ont comme point commun de poursuivre leur floraison assez tardivement dans l'été. L'essentiel n'est-il pas de savoir ce que l'on verra (formes ou couleurs) avant que de planter ?

ANNUELLES, BELLES ET SANS COMPLEXE

Si l'art du retardage est au chrysanthème ce que celui du forçage est à la tulipe et, en dehors du simple pinçage, on laissera l'usage de ces techniques aux jardiniers très avertis. Ceux qui aiment les fleurs aisées à cultiver jetteront leur dévolu sur les annuelles.

(MAP/A. Descat)

▲ **Avec les seuls chrysanthèmes des fleuristes, vous composerez des massifs multicolores aux fleurs toutes simples ou plus sophistiquées dans une complémentarité pleine de gaieté.**

(Délu)

▲ *Les fleurs blanches au cœur d'or de la grande marguerite* (C. maximum) *'Wirral Supreme' s'appuient sur de solides tiges vert foncé.*

PAS A PAS

PINCER POUR EMBELLIR

Pour retarder et accroître la floraison, coupez les tiges dans les règles de l'art. Pincer, en langage de jardinier, veut dire couper. Plus que d'autres fleurs, tous les chrysanthèmes sont sensibles à cette technique.

1 - Au début de la végétation active, sectionnez le bout de la tige au-dessus des 5 à 8 feuilles comptées à partir du sol ; si de nouvelles pousses n'apparaissent pas rapidement, recommencez.

2 - En juillet, un « bouton couronne » apparaît, entouré de trois pousses feuillées. Vous avez là deux possibilités.

3 - A. Supprimez délicatement ces pousses quand elles atteignent 1 cm. Le bouton donnera une grosse fleur.

B. Attendez un peu, sélectionnez la plus vigoureuse des 3 pousses et coupez les deux autres à 3 cm. Des boutons supplémentaires peuvent apparaître.

(Illustrations : Steen)

Pour peu que la terre soit franche et ait été bien fumée, ces espèces se laissent semer sur place en mai (dès mars si l'on procède sous châssis) et éclaircir (ou repiquer) à des distances de 20 à 40 cm selon la taille. Eau sans humidité persistante et soleil avec raison : tout pousse très vite et on pourra même voir ces fleurs se reproduire d'année en année selon les humeurs du vent. Blanc ou jaune d'or, *C. coronarium* pousse des fleurs au bout de tiges de 1 m jusqu'en septembre. *C. caritanum*, plus court sur tige, a des fleurs plus grandes (variété 'Buridge') aux tons éclatants et un beau feuillage vert-bleu. Le chrysanthème des moissons *(C. segetum)* est d'or vêtu, *C. spectabile* 'Cecilia' préfère le blanc autour d'un disque de bronze doré. Enfin, *C. paludosum* étend ses tapis brodés d'une multitude de petites fleurs blanches.

PLAISIRS D'AUTOMNE

Quant aux vivaces, innombrables en sont les variétés. De culture assez aisée pour la plupart (elles se multiplient facilement au printemps par bouturage, drageonnage ou division des touffes), elles ont des tiges d'environ 60 cm (ou plus) et se présentent sous de multiples noms.

PROPORTIONS DU CHRYSANTHÈME

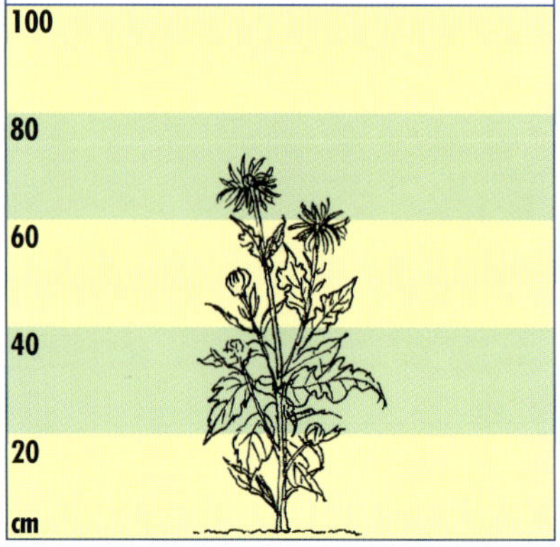

(MAP/A. Descat)

▲ *Pour multiplier ces fleurs aux formes parfois surprenantes, vous procéderez de préférence par bouturage.*

LE SAVIEZ-VOUS ?

LE CHRYSANTHÈME LES INTÉRESSE

Le chrysanthème a un succès dont il se passerait volontiers : il plaît à bon nombre de ravageurs qui s'en prennent aux diverses parties de la plante. Parmi eux, la larve de la mineuse perce des galeries dans ses feuilles, les punaises sucent sa sève, le perce-oreilles s'en prend aux fleurs, la larve de la mouche du chrysanthème vise, elle, les racines et les tiges. Ces envahisseurs seront repoussés à l'aide d'insecticides. Au moindre soupçon, traitez vos plantes et, mieux encore, de manière préventive, c'est toujours la façon la plus efficace de préserver vos fleurs.

Si *C. maximum* (notre marguerite) est très répandu, *C. alpinum* (blanc au cœur d'or) est trop ignoré des amateurs de rocaille, *C. rubellum* aux couleurs variées (un magnifique abricot avec 'Lady Brocket') poursuit sa floraison jusqu'aux gelées. On fera attention à ne pas confondre, malgré les interférences par hybridation, les chrysanthèmes du Japon aux fleurs très denses et qui peuvent éventuellement se cultiver en annuelles avec les espèces et sous-espèces de chrysanthèmes d'automne qui viennent souvent du... Japon via la Hollande et au nombre desquelles on range les chrysanthèmes à grosses fleurs (dont les fleurs de la Toussaint ne représentent que quelques variétés). Mais le « continent chrysanthémique » a encore bien des contrées à découvrir : que l'on y songe... Existent, en effet, des chrysanthèmes alvéolés, des pompons, des coréens, des doubles fleurs, des cascades, etc. Le chrysanthème offre un monde généreux où chacun peut découvrir son bonheur.

▼ *Espèce alpine de chrysanthème,* C. alpinum, *aux courtes tiges, trouve avec bonheur sa place dans les jardins de rocaille.*

(MAP/A. Descat)

	SEMIS	FLORAISON	EXPOSITION	ARROSAGE	UTILISATION
Chrysanthème 	de mars à mai	d'août à novembre	ensoleillée et mi-ombre	modéré	pots, massifs

LES BELLES FLEURS DU CLIVIA

Le clivia est une plante à sortir en été. Nécessitant peu de soins, il se pare une fois par an de très belles fleurs orangées.

Avec un peu de chance, les magnifiques fleurs orange de votre clivia égaieront la maison dès le mois de février. Mais ne vous impatientez pas si vous ne les voyez pas apparaître : elles le feront sans doute un peu plus tard, peut-être même en été.
Originaire d'Afrique du Sud, *Clivia miniata,* appelé aussi clivie vermillon, est une plante rustique d'un entretien très facile. Aux moments les plus chauds de l'été, elle accepte volontiers d'être sortie dehors. Mais, à l'extérieur comme à l'intérieur, évitez de la placer sous les rayons chauds du soleil, car elle perdrait ses feuilles. Le clivia n'est pas non plus très exigeant en matière d'arrosage :

REGROUPEZ VOS PLANTES

En hiver, vos plantes d'intérieur gagneront à être toutes rassemblées. Bien exposées à la lumière, elles profiteront les unes des autres tout en bénéficiant de la juste dose d'humidité nécessaire. Évitez cependant de mélanger les feuillages, cela pour deux raisons : chaque plante n'aurait pas toute la lumière qu'elle réclame et, si l'une d'entre elles est attaquée par une maladie ou par un insecte, elle risque de contaminer rapidement ses voisines. Malgré ces petits dangers, qu'il est facile de contrer par une surveillance régulière, le bénéfice qu'elles tirent d'une telle proximité ne doit pas vous faire hésiter.

(MAP/A. Descat)

▲ *Le clivia ne réclame que peu d'entretien. Curieusement, il aime même se sentir à l'étroit dans son pot, ce qui favorise sa croissance.*

une fois par semaine suffit de février à octobre. Il est conseillé de laisser sécher un peu la terre entre deux arrosages. Une ou deux fois par mois, un peu d'engrais lui fera beaucoup de bien. Juste avant la floraison, réduisez encore l'apport en eau et installez votre plante dans un endroit sec et peu chauffé (une quinzaine de degrés est la tempéraure idéale de novembre à janvier).

REMPOTAGE : A PRATIQUER AVEC MODÉRATION

Pour croître et fleurir dans de bonnes conditions, le clivia a besoin de se sentir un peu à l'étroit dans son pot. C'est pourquoi il faut en choisir un d'une quinzaine de centimètres de diamètre et de hauteur. Lorsque les racines commencent à apparaître à la surface, vous pouvez rempoter la plante dans un récipient un peu plus grand. Mais il ne faut pas abuser du rempotage ; les racines étant très fragiles, vous risquez de les casser pendant l'opération. Un rempotage tous les trois ans dans un mélange de terre et de terreau de feuilles est donc suffisant. Comme pour le ficus, le surfaçage est préférable au rempotage. Quelle que soit la technique utilisée, tout cela se passera après la floraison de votre clivia. Si vous avez envie de multiplier votre clivia, vous devrez séparer les drageons qui poussent à sa base et les replanter. Si vous les laissez pousser sur la plante mère, vous obtiendrez une plante encore plus touffue, ce qui ne gâchera en rien sa beauté.

QUELQUES SOINS

Deux petits insectes aiment bien s'attaquer au clivia : les araignées rouges et les cochenilles farineuses. On peut lutter contre les premières en pulvérisant un acaricide adapté. Pour les secondes, la tâche est plus délicate car leur carapace leur permet de résister aux insecticides. L'idéal est de passer sur les feuilles infestées un coton imbibé d'alcool à 90° ou bien de pulvériser un peu de bière pour les détacher et, ensuite, de pulvériser votre insecticide. Il faudra bien surveiller qu'elles ne réapparaissent pas dans les jours suivants.

PAS A PAS

MULTIPLIER PAR DIVISION DES RACINES

Lorsque vous estimez que votre clivia a atteint une dimension telle qu'il se trouve à l'étroit dans son pot, profitez-en pour le multiplier par division.

1 - Arrosez votre clivia avant de le dépoter.

2 - Secouez-le très doucement pour dégager la terre qui entoure les racines.

3 - Cette plante ayant des racines charnues, il est très difficile de les séparer à la main. Prenez plutôt un couteau bien aiguisé pour cette opération.

4 - Raccourcissez les tiges des nouvelles plantes.

5 - Replantez chaque plante obtenue, ainsi que la plante mère, dans de petits pots d'une quinzaine de centimètres de diamètre remplis d'un mélange de terre et de terreau.

(Illustrations : Steen)

DES CONIFÈRES EN TERRASSE

Souvent décriés lorsqu'ils envahissent nos forêts, les conifères retrouvent tout leur charme quand ils sont cultivés sur les terrasses.

Quand on n'a pas trop de disponibilité pour s'en occuper mais, en même temps, quand on souhaite avoir une terrasse décorée de verdure ou, tout simplement, lorsqu'on aime ce type de végétaux, on peut très bien cultiver des conifères sur sa terrasse. L'un des avantages, et non des moindres, en faisant ce choix, c'est d'avoir de la verdure toute l'année grâce au feuillage persistant de ces arbustes.
Avec cette famille d'arbustes, vous réussirez sans problème à réaliser de belles compositions harmonieuses qui respectent les hauteurs, les formes et même les couleurs. Il existe en effet des conifères de toute nature, avec des ports très différents et des feuillages qui vont du vert le plus pâle au bleu.

DES VARIÉTÉS NAINES

Selon la région où vous habitez, vous opterez pour des compositions plus ou moins fournies.

LES FRUITS ET LE GIVRE
N'oubliez pas que la plupart de ces arbres se pareront de fruits, ce qui leur donnera encore plus de charme. Et en hiver, lorsque le givre tombera dessus, vous ne regretterez pas de les avoir adoptés.

A (MAP/N. et P. Mioulane)

▲ *'Stricta', variété du genévrier de Chine* (Juniperus chinensis), *se pliera à de multiples usages. Espèce de taille réduite, elle pourra trôner sur un socle ou constituer le fond du décor.*

Quelques conifères bien épais peuvent en effet vous protéger tellement du soleil que vous pourriez avoir presque froid sur votre terrasse en plein été. Cette petite mise en garde étant faite, laissez agir votre esprit créatif : allez visiter des pépiniéristes ou des jardineries, regardez les arbres et essayez d'imaginer quel pouvoir décoratif ils pourraient avoir chez vous.
Il serait difficile de fournir ici une liste exhaustive des conifères agréables à cultiver en terrasse – elle serait bien longue –, mais nous allons tout de même vous mettre sur quelques pistes.

B (MAP/N. et P. Mioulane)

▲ **Microbiota decussata** ***constitue dans la nature de vrais tapis de verdure. Planté dans un pot et posé en hauteur, il retombera avec grâce.***

SOIGNER LE BORD DE LA TERRASSE

Le plus important est de constituer le fond du décor, c'est-à-dire de trouver les arbres qui seront installés au bord de la terrasse. Le principe de base est de les choisir plus hauts que ceux de devant. Il n'est pas question, cependant, de construire une véritable « barrière verte ». Toute la difficulté résidera donc dans le fait de trouver un conifère suffisamment haut mais pas « massif ». Un arbre au port pyramidal pourrait convenir : trapu en bas et qui s'élance ensuite. Un sapin nain est tout désigné pour remplir ce rôle. D'une hauteur comprise entre 25 et 40 m dans son milieu naturel, *Abies concolor* a été nanifié et a donné, par exemple, le cultivar 'Compacta' qui mesure environ 1,50 m. Certaines variétés de genévriers conviennent bien aussi à ce type de culture, à condition de choisir, là aussi, des variétés réduites, comme *Juniperus chinensis* 'Stricta'. Certaines espèces rampantes, comme *Microbiota decussata,* laissent retomber leur feuillage en cascade si elles sont posées en hauteur.

▼ ***Toutes les formes sont permises et leur diversité permet de donner du rythme au décor.***

C (MAP/A. Descat)

UN PETIT BIJOU : LE DIMORPHOTECA

Par le subtil tracé de son dessin et les savants dégradés de ses couleurs, le dimorphoteca affiche une élégance qui le différencie d'autres « marguerites ». Et cette plante facile à vivre s'accommode de toutes les natures de terrain.

Encore des « marguerites » diront les esprits chagrins peu curieux de connaître les raisons qui ont poussé les botanistes à classer dans des genres différents des fleurs qui, de prime abord, peuvent se ressembler d'autant plus qu'elles appartiennent toutes à l'immense famille des astéracées (dites aussi « fleurs composées »). Mais l'œil du jardinier - même néophyte - sait, lui, reconnaître le dimorphoteca d'autres genres proches...

DES LIGULES TOUT EN NONCHALANCE

Car le dimorphoteca a une élégance qui sait se démarquer des autres. Ne dit-on pas, par exemple, que pour le différencier de certaines espèces de soucis à fleurs simples qui en sont proches, il suffit de se dire que si ce souci *(Calendula)* est « vraiment » très élégant, il s'agit, en réalité, d'un dimorphoteca. Pauvre souci qui, en vérité, ne mérite pas cette indignité...

B (MAP/A. Descat)

▲ *Les fleurs de* D. sinuata *présentent un disque central brun sombre marqué de points bleutés.*

▼ *Au jardin où sur le balcon, vous le placerez dans un endroit ensoleillé, car il faut du soleil aux fleurs du dimorphoteca pour qu'elles s'ouvrent.*

A (MAP/F. Strauss)

Mais il est vrai que *Dimorphoteca* porte dans le tracé en courbe de ses « ligules » extérieures (les « pétales » des fleurs composées) quelque nonchalance alanguie qu'accentuent souvent de savants dégradés de couleurs. Et ces coloris, dont la gamme est très large, ont une certaine opalescence qui permet des jeux de lumière subtils lorsque ces fleurs s'épanouissent sous le soleil d'été. Et, dans ces jeux subtils de la matière et de la lumière, le dimorphoteca manifeste une grande sensibilité puisque son capitule ne s'ouvre qu'au soleil. Que des petits nuages parsèment ou zèbrent un ciel ensoleillé, on verra comme une houle légère agiter les pétales de ces fleurs à chaque passage d'un de ces nuages devant le soleil. Comme si ces fleurs semblaient habitées par une petite musique qui les ferait respirer...

C (MAP/C. Nichols)

▲ ***Le dimorphoteca est une espèce excellente pour la culture en pot.***

D (MAP/N. et P. Mioulane)

IL SE GLISSE PARTOUT

Bref, si le dimorphoteca est bien une « marguerite », il l'est à sa manière, en portant au plus haut la véritable signification de ce beau mot : le vocable latin *margarita*, veut dire « perle ».

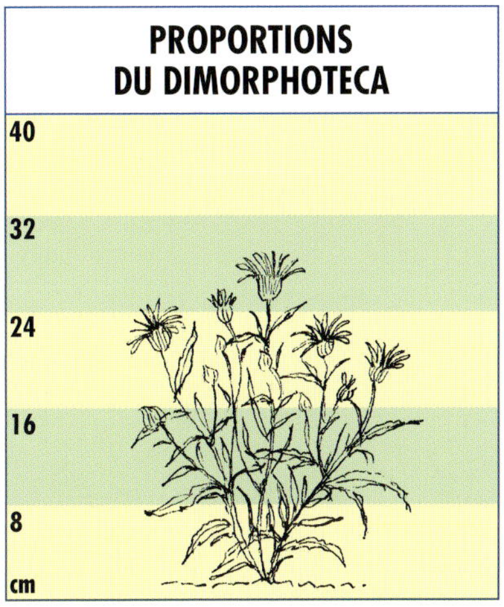

◄ ***Jeu de formes et de couleurs réussi dans ce massif où le dimorphoteca s'unit à l'euphorbe.***

De ces « perles », il existe environ une quinzaine d'espèces toutes originaires d'Afrique. Mais leur nombre a tendance à diminuer, les botanistes ayant de plus en plus tendance à ranger certaines d'entre elles dans le genre, assez proche, des soucis. Qu'on se rassure, il reste suffisamment d'espèces « labellisées » pour peupler nos jardins de ces belles plantes dont les tiges, d'abord ramifiées, s'étalent puis se dressent à environ 30 cm au-dessus du sol.
Grâce à ses caractéristiques, le dimorphoteca trouvera sa place dans tous les endroits du jardin, même les plus accidentés comme les talus, les coins pierreux et les rocailles où il fait merveille d'autant qu'il s'accommode éventuellement de sols très pauvres (pourvu qu'ils soient ensoleillés et bien drainés) et qu'il supporte sans trop rechigner les négligences d'arrosage.

Dimorphoteca 	SEMIS	FLORAISON	EXPOSITION	TERRE	ARROSAGE	UTILISATION
	début du printemps	de juin à l'automne selon les espèces	ensoleillée	fertile	inutile	massifs, bordures, rocailles, pots

A (MAP/N. et P. Mioulane)

▲ ***Les fleurs du dimorphoteca, pareilles à des marguerites lumineuses, agrémentent massifs, bordures, rocailles ou plates-bandes avec le même bonheur.***

▼ ***L'espèce la plus travaillée par les horticulteurs aujourd'hui est* D. sinuata. *Elle se pare parfois en version « hybrides » de fleurs beaucoup plus grandes.***

B (MAP/A. Descat)

FACILE A TRANSPLANTER

Si diverses espèces peuvent être vivaces sous des climats plus chauds que ceux de notre Hexagone, on les cultivera habituellement en annuelles, forme où elles demandent peu de soins, qu'il s'agisse de leur reproduction ou de leur croissance.

LE SAVIEZ-VOUS ?

Comme bon nombre d'espèces, le dimorphoteca demande pour s'épanouir une exposition ensoleillée. Mais chez cette espèce, l'exposition prend une signification encore plus forte, car les fleurs ne s'ouvrent pas à l'ombre ou par temps couvert.

I (Délu)

▲ *Des fleurs encore plus grandes pour* D. pluvialis *qui parfume agréablement le jardin.*

La plante supportant mal le repiquage, on sèmera directement, vers la fin du mois de mars, en place ou en pots ; dans ce dernier cas, les plantes pourront aisément être transplantées pour peu qu'on fasse attention à ne pas briser la motte. Un bon truc : conserver des plants en pots pour pouvoir remplacer, dans des massifs ou des rocailles, des plantes dont la durée de floraison est plus brève ; le dimorphoteca fleurissant, lui, du mois de mai aux premières gelées pour peu qu'on prenne soin de couper les fleurs fanées.

DES ESPÈCES POUR TOUS LES GOÛTS

Aujourd'hui, l'espèce la plus cultivée et la plus « travaillée » par les horticulteurs est *Dimorphoteca sinuata* (appelée aussi *D. aurantiaca*). Au-dessus de feuilles aromatisées, les fleurs (de 2 à 4 cm de diamètre) se déclinent en blanc, jaune, orange ou rose avec des reflets bleus ou violacés autour d'un disque central d'un très beau brun bleuté. Diverses variétés ont encore diversifié cette palette de couleurs notamment dans de très belles gammes de saumon ou d'orange qui se déclinent en dégradés sur chacun des ligules, et la taille des fleurs s'est accrue.
Autre espèce très prisée et dont le capitule se referme vers la fin de l'après-midi : le souci pluvial (*D. pluvialis* ou *D. annua*) aux feuilles, là encore, aromatisées et dont les fleurs peuvent atteindre 6 cm de diamètre, voire plus chez certains hybrides récents.
C'est surtout dans les blancs, les bleus et les violets que cette espèce décline ses subtils dégradés autour de disques brun-violet.
D'autres espèces, qui ont chacune leur charme spécifique, peuvent être cultivées dans nos jardins, mais il n'est pas toujours facile de s'en procurer les graines.
Enfin, sachons que certains dimorphotecas, cultivés en vivace ou même en arbrisseaux, peuvent atteindre 1 m de haut ! Hélas, sous nos climats, cette culture demande des jardiniers très avertis.
Mais ne désespérons pas de nos horticulteurs : ils sauront bien, un jour, nous offrir l'« arbre à marguerites ».

PAS A PAS

FAITES LEVER UN MASSIF EN DEUX MOIS

Avec des fleurs qui se sèment en place, créez vite un jardin de rêve en mêlant le dimorphoteca à d'autres fleurs à croissance rapide qui peuvent, elles aussi, être semées en place et qui réclament des soins similaires (pois de senteur, lin rouge, centaurée…).

1 - Dessinez la répartition des plantes en imbriquant des taches dont chacune représente une couleur (sauf si le massif doit être très grand, évitez les taches de même couleur).

2 - Choisissez une seule fleur (ou une seule espèce) par couleur et de manière à ce que les plantes les plus hautes soient au centre (ou à l'arrière) du massif et que les couleurs les plus vives soient sur les bords du massif.

3 - Semez chaque fleur en échelonnant sur plusieurs semaines pour que la floraison se prolonge à l'automne.

4 - Éclaircissez au fur à mesure.

(Illustrations : Steen)

LES PUISSANTES SAVEURS DE L'ESTRAGON

Souvent cultivé dans le Midi de la France, l'estragon a des capacités étonnantes à s'adapter partout ailleurs et réussit aussi dans votre assiette !

L'estragon, de son nom latin *Artemisia dracunculus,* est une plante vivace poussant aussi bien au jardin qu'en pots. Ce sont les feuilles étroites, d'un vert soutenu, portées par de grandes tiges très ramifiées pouvant atteindre plus de 1,50 m de hauteur, qui sont consommées en cuisine.

UNE HERBE QUI AIME LE SOLEIL

Leur parfum légèrement amer, et si caractéristique, est apprécié dans les soupes et les omelettes, ou bien dans l'accompagnement de poissons ou de viandes. On apprécie également ses arômes dans le vinaigre. C'est une plante condimentaire à consommer crue, elle perd en effet la quasi-totalité de ses saveurs dès qu'on la cuit.

LE SAVIEZ-VOUS ?

En général, on installe l'estragon dans un coin du jardin ou bien, si vous avez la chance d'en posséder un, dans le massif réservé aux simples. Dès le mois de mai, et jusqu'en octobre-novembre, vous pourrez couper les feuilles. En juillet-août, vous verrez apparaître quelques fleurs, d'une couleur jaune-vert, mais elles ne sont pas d'un grand intérêt puisqu'elles sont stériles, c'est-à-dire qu'elles ne produisent pas de graines.

(MAPIN. et P. Mioulane)

▲ ***La culture en pot ou jardinière doit être renouvelée chaque année car la plante a tendance à s'épuiser.***

Estragon 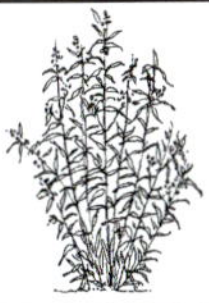	PLANTATION	FLORAISON	EXPOSITION	ARROSAGE	UTILISATION
	mars-avril	de mai à octobre	ensoleillée	abondant	massifs, pots

De la même façon, il est préférable de consommer les feuilles fraîches, le séchage leur étant préjudiciable, toujours au niveau des arômes. Cette herbe culinaire aime bien être plantée au soleil, au minimum en étant exposée à une lumière intense et, dans la mesure du possible, à l'abri du vent. Il est tout à fait possible de faire germer les graines dans un pot derrière une fenêtre au sud et, ensuite, de repiquer la plante au jardin.
Si vous la conservez en pot, il faudra choisir un contenant assez profond parce que les racines ont besoin de place, ayant tendance, un peu comme les tiges, à se ramifier.

UN PAILLAGE EN HIVER

Dans le cas de l'estragon aromatique français, les tiges font en plus naître des drageons dont on se servira pour multiplier la plante. Il existe une autre variété, l'estragon de Russie, et c'est elle qui se multiplie par semis au printemps. Peut-être est-ce dû à son origine, toujours est-il que cette deuxième variété est beaucoup plus résistante aux climats rigoureux. Sachez également que vous trouverez sans aucune difficulté, et dès le mois de mars, des plants à repiquer dans toutes les jardineries.
Au jardin, il est important de bien arroser ces plantes, surtout quand l'été est sec. En pot, en revanche, il faut bien veiller, comme de nombreuses autres plantes, que l'eau ne stagne pas, ce qui risquerait de faire pourrir les racines. Cela dit, l'arrosage est également nécessaire dans ce type de culture. A l'automne, vous couperez la touffe d'estragon à ras du sol et, juste avant l'hiver, vous recouvrirez la souche d'une couche protectrice. Ainsi, vous conserverez les pieds d'estragon pendant trois ou quatre ans, période au-delà de laquelle il faudra renouveler vos plants.

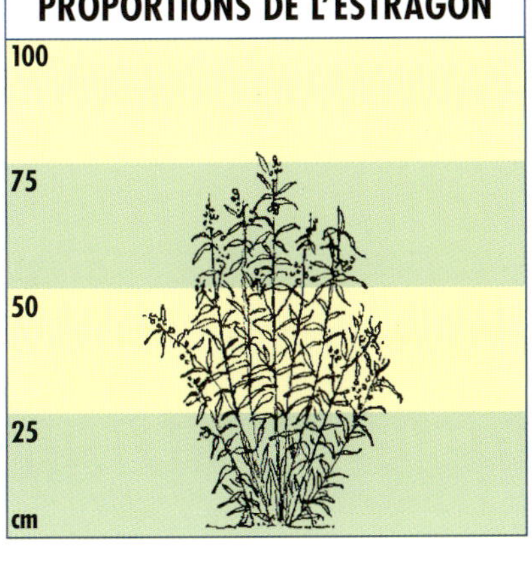

▼ *De l'eau, de l'eau ! Voilà ce que réclame l'estragon par temps sec, d'autant qu'il apprécie d'être planté dans un coin ensoleillé du jardin.*

(MAPIN et P. Mioulane)

A L'OMBRE DES FOUGÈRES

Plantes souvent envahissantes dans la nature, les fougères, si elles sont maîtrisées, peuvent devenir de très jolies plantes de terrasses et de balcons.

Si vous occupez un appartement relativement sombre, si vous possédez une terrasse mal exposée ou encore si le mur de la maison de votre voisin vous cache le soleil dans une partie de votre jardin, ne renoncez pas pour autant à les égayer par un coin de verdure ! Parmi les 11 000 espèces de fougères qui prospèrent de par le monde, c'est bien le diable si vous n'arrivez pas à trouver quelques spécimens qui fassent votre bonheur ! Étranges plantes que ces fougères, encore appelées filicales. Apparues dès le début de l'ère primaire, c'est en majorité à elles que nous devons ce combustible d'origine végétale qu'est la houille.

UNE TERRE RICHE ET HUMIDE

Très rustiques (elles ne sont sujettes à pratiquement aucune maladie), elles sont particulièrement décoratives, et si la plupart possèdent d'élégantes feuilles très dentelées (encore appelées frondes), d'autres sont dotées de feuilles simples, plus ou moins larges.

LE SAVIEZ-VOUS ?

Les fougères ne possèdent ni fleurs ni graines. Elles se reproduisent à l'aide de spores, disposées sur la surface inférieure des lances, qui se libèrent et germent au sol selon un processus biologique complexe.

▼ *Si votre terrasse ou votre balcon ne sont pas exposés en plein soleil, les fougères sauront profiter de la situation pour les habiller de leur beau feuillage découpé.*

B (MAPIN. et P. Mioulane)

C (MAP/N. et P. Mioulane)

▲ *Pleine de majesté, la fougère royale* (Osmunda royalis) *n'usurpe pas son nom.*

Optez pour les *Dryopteris,* encore appelées fougères mâles, dont les frondes naissantes rougeâtres en forme de crosse d'évêque prennent une belle couleur vert clair en se développant. Ce sujet à port dressé, qui peut atteindre 1 m de hauteur, comprend plusieurs variétés dont certaines s'accommodent de situations ensoleillées. Vous pourrez les alterner avec des *Athyrium* (de 0,80 à 1 m), ou fougères femelles, également à port dressé, dont on compte plusieurs variétés et qui présentent l'avantage de produire des formes variées de frondes fines et gracieuses, d'un beau vert tendre.

DES VARIÉTÉS PERSISTANTES

Parmi les fougères à port dressé, n'oublions pas l'*Osmunda,* ou fougère royale, à grand développement, qui comprend plusieurs variétés pouvant atteindre jusqu'à 1,50 m et qui prennent de belles teintes jaune doré en automne. Il convient de savoir que la plupart des fougères buissonnantes (à port dressé) perdent leurs lances en hiver. Aussi, en terrasse, optez plutôt pour des fougères tapissantes, le plus souvent persistantes. Là encore, vous n'aurez que l'embarras du choix. Vous pourrez alterner des espèces rustiques, bien de chez nous, dont certaines à frondes simples telles que le *Phyllitis*, ou langue de cerf, d'un beau vert brillant, avec des espèces tropicales, plus délicates, mais que vous pourrez cultiver dans des pots suspendus pour une décoration du plus bel effet.

Il s'agit alors le plus souvent de fougères tropicales qu'il convient de cultiver en pots et de préserver des frimas. Décorez votre terrasse ou votre balcon mal exposés avec un assortiment de fougères de formes et de tailles différentes, que vous planterez de préférence dans de grands bacs, car la plante possède un rhizome parfois très développé. Vous pourrez également trouver des variétés très décoratives pour peupler vos rocailles, ou d'autres encore à planter au bord d'une mare, d'un bassin, un fond de jardin humide et ombragé. La plupart des fougères se plaisent dans un bon terreau riche en humus, et surtout gorgé d'humidité.

D (MAP/F. Strauss)

▲ *Les* Athyrium, *fougères femelles au port altier, peuvent s'élever jusqu'à 1 m.*

LE GÉRANIUM, PRINCE « SANS PAPIER »

Cette fleur n'est pas celle que l'on croit. A découvrir vite pour sa vraie fausse ingénuité et la subtile palette de ses couleurs.

Certes, il a sa beauté sans surprise, mais si bien ordonnée, et son charme est d'autant plus subtil que sa présence renouvelée à chaque printemps sur les balcons témoigne de la volonté pathétique des citadins de voir, un jour, les villes se construire à la campagne. Bref, il est tellement là… et tellement à la façon d'une modeste plante domestique, qu'on ne le remarque plus ; mais qu'il vienne un jour à manquer et la nature semblera bannie à jamais de nos rues.

LE MYSTÈRE DU GÉRANIUM

Pourtant que de mystères cache ce souci de ne pas se faire remarquer ! Et d'abord celui-ci : le géranium de nos balcons (et de bien des plates-bandes) n'est pas le géranium mais une autre géraniacée, le pélargonium.

(MAPIA Descat)

▲ *Paradoxe du géranium, à prononcer son nom, il semble que l'on ne connaît que lui, mais on hésiterait à le désigner dans un jardin où il enchante pots et massifs.*

LE SAVIEZ-VOUS ?

LA GRUE ET LA CIGOGNE

Le mot géranium trouve sa racine dans le grec ancien *geranos* qui se traduit par « grue » alors que le pélargonium vient du grec *pelargos* qui signifie « cigogne ». Ces deux noms d'oiseaux caractérisent la forme des fruits des deux plantes.

Ce dernier nous est venu, en passant par de nombreuses sélections et hybridations, d'Afrique du Sud et d'Australie. Mais c'est souvent dans la nature, là où pour survivre il faut savoir affronter le gel, que l'on rencontrera un vrai géranium comme le mauve *G. pratense* ou *G. sylvaticum* aux délicates fleurs pourpres ou bleues veinées de cramoisi.

(MAP/A. Descat)

▲ **Géranium armenum** ***vous offre ses fleurs violettes dans un écrin de feuillage très découpé.***

PARFUM DE NUIT

Autre mystère du géranium, celui de son parfum qui, dans beaucoup d'espèces comme l'herbe à Robert ou le géranium luisant *(G. lucidum)* et surtout les diverses variétés du très beau géranium sanguin, s'exhale à la nuit tombée quand la température baisse fortement… ainsi que l'a si bien écrit en vers le poète Lamartine :

« Emblème de la nuit, ta fleur rougeâtre et sombre, Géranium, attend la nuit pour embaumer.
Ton parfum hait le jour et se répand dans l'ombre. »

(MAP/A. Descat)

◄ ***Semis, division de touffe ou bouturage, pour les multiplier vous avez l'embarras du choix !***

BEAU MÊME EN DEHORS DU ROUGE

Enfin, si le vrai géranium est méconnu chez nous, il n'en est pas de même en terre islamique : n'est-ce pas Mahomet lui-même qui lui a donné la plus répandue de ses couleurs (le rouge) en faisant sécher ses vêtements sur un parterre de ces fleurs ?
On le voit : ne nous privons plus de cette plante qui, en dehors du Midi où elle est populaire, est loin d'avoir dans nos jardins la place que méritent ses fleurs délicates qui, au contraire du pélargonium, sont belles même quand elles ne sont pas rouges. Pastellisées en de multiples nuances de bleu, blanc, rose, pourpre, mauve ou violet et entourées d'un feuillage gracile, ces fleurs formeront de juin à octobre, selon les espèces, de chatoyants couvre sols ou illumineront des buissons plus hauts.

En bordures, en rocailles, en plates-bandes, en massifs ou en mixed-borders, les géraniums s'associent aisément à beaucoup d'autres plantes comme les bruyères, les millepertuis, les ancolies, les salicaires… Rustiques, ces vivaces poussent sur presque tous les sols, mais elles donnent le meilleur d'elles-mêmes sur des terrains riches, frais et bien drainés. Elles se multiplient par semis, par division des touffes et, si l'on veut obtenir facilement beaucoup de nouvelles plantes, par bouturage des racines.

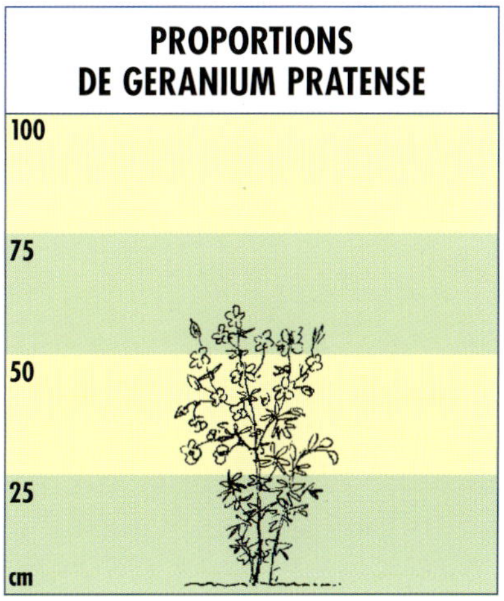

(MAP/A. Descat)

▲ *Fleurs simples d'un beau bleu pâle ornent les tiges de la variété 'Kandle Clark' du* Geranium pratense, *une espèce solide qui supporte le gel.*

DES SENTEURS ENCORE PRÉSENTES

Près de 110 espèces de géraniums poussent à l'état spontané en Europe, dont une trentaine en France. Nombre d'entre elles ont fait leur entrée dans nos jardins sans avoir dû être trop « améliorées » par les horticulteurs, et la plupart de ces espèces botaniques ont ainsi pu conserver leurs parfums si particuliers. Très longtemps, *G. sanguineum* fut, avec ses fleurs cramoisies aux pétales échancrés et ses tiges au port altier hautes de 40 à 60 cm, le plus prisé des géraniums et il n'a rien perdu de sa superbe, d'autant que des hybrides lui ont fait découvrir d'autres couleurs comme le banc ('Album') ou un blanc veiné de rose ('Striatum').

▼ *Des brassées de géranium dans des camaïeux de rose qui ne demandent qu'un peu de soleil pour illuminer vos massifs.*

(MAP/F. Didillon)

PAS A PAS

ORIGINAL, LE BOUTURAGE DES RACINES

Cette méthode de reproduction permet d'obtenir de nouvelles plantes pendant l'hiver.

1 - Relevez le pied mère avant l'hiver, coupez les racines en bon état et conservez-les à l'abri du gel.

2 - En janvier, coupez les racines en boutures à 4 ou 5 cm, rangez-les à l'horizontale espacées de 1 cm et recouvrez-les de 1 à 2 cm de sable ; conservez à une température de 10 à 12 °C.

3 - Quand les yeux se sont développés (au bout de 3 à 5 semaines), mettez les boutures enracinées dans des pots et, à l'automne suivant, en pleine terre. La mise directe en terre peut s'effectuer si le climat est très doux et à condition de protéger les boutures du soleil.

(Illustrations : Steen)

Quant à sa variété *G. S. lancastriense,* si sa tige ne dépasse pas 20 cm, elle porte de magnifiques et grandes fleurs couleur chair et veinées de pourpre.

LA FEUILLE NE DÉPARE PAS LA FLEUR

Portant à près de 80 cm des fleurs aux nombreuses nuances rouge violacé, *G. armenum* possède aussi de grandes feuilles au vert éclatant. *G. dalmaticum,* aux fleurs roses, laisse à l'automne ses feuilles s'empourprer et *G. cantabrigiense,* lui, les laisse persister tout l'hiver autour de fleurs carmin ou blanc rosé. Quelques mots, enfin, sur l'« autre » , l'usurpateur... Plante d'origine tropicale, le pélargonium n'est que très rarement vivace (au sens plein du mot) sous nos climats, à moins d'être abrité l'hiver venu. Néanmoins, quelques espèces peuvent supporter l'hiver

(MAP/Noun)

▲ *Une nuée de fleurs se balance au-dessus d'un feuillage vert argenté que porte des tiges mesurant de 45 à 60 cm. C'est 'Amy Lancaster', variété gracile de* **G. sylvaticum.**

Géranium	PLANTATION	FLORAISON	EXPOSITION	ARROSAGE	UTILISATION
	mars ou septembre	de mai à septembre	ensoleillée	modéré	pots, rocailles, massifs

méditerranéen comme le pélargonium des fleuristes *(P. x domesticum)* ou le géranium zonal. Mais il n'est de géraniums que Géranium ! Et à s'en souvenir, nous ferons des jardins encore plus chatoyants en de multiples et raffinées couleurs...

(MAP/A. Descat)

◄ **Géranium sanguineum** *fut longtemps considéré comme le plus beau des géraniums.*

LONGUE VIE

Une fois mis en place, les géraniums vivaces sauront vous séduire pendant de longues années, et même sous des climats peu cléments. Nous connaissons des exemples de plantes qui sont encore très belles après trente années passées dans un jardin. Et à chaque nouvelle floraison, c'est un réel plaisir pour l'œil. Sans qu'il y ait besoin d'un entretien particulier...

LE BEAU DRAPÉ DES GRIMPANTES

Qu'elles soient annuelles ou vivaces, les plantes grimpantes peuvent donner très rapidement une allure ravissante à votre terrasse.

Par crainte de les voir dépasser les limites de la terrasse, on ne pense pas ou bien on hésite à installer des plantes grimpantes. Alors, bien sûr, il n'est pas question de cultiver une glycine ou une vigne vierge sur la terrasse d'un appartement en ville (quoique...), mais pourquoi pas d'autres sujets plus facilement maîtrisables et à l'effet décoratif assuré.

D'ABORD CONSTRUIRE UN TREILLAGE

Avant de commencer, pensez bien à la façon dont vous souhaitez diriger vos plantes. L'idéal est de construire un treillage le long du mur, en faisant bien attention de ne pas coller cette petite construction en bois contre le mur, il est nécessaire de laisser quelques centimètres entre les deux pour que les plantes puissent parfaitement s'accrocher. Mais vous pouvez aussi les laisser « courir » le long de la balustrade. Dans ce dernier cas, vous veillerez à ce que la partie « envahie » par la plante n'entraîne pas de gêne pour vos déplacements. L'une des très jolies plantes qui acceptent bien de pousser dans de telles conditions est la clématite.

A (MAP/F. Strauss)

► ***Pensez au haricot d'Espagne ! C'est un bon grimpeur, il se couvre de fleurs et donnent des haricots comestibles...***

Clématite.

B (Déiu)

Chèvrefeuille.

D (MAPIN et P. Mioulane)

Elle s'exprimera très bien sur votre terrasse si vous lui donnez un très grand pot, de l'ordre de 50 cm de diamètre et de profondeur. Plantée dans un bon terreau dont on changera chaque année la couche supérieure au printemps, elle s'enroulera sans difficulté sur le treillage. Ses fleurs vous accompagneront pendant une bonne partie de l'année.
Si, en plus de la beauté des fleurs, vous avez envie d'effluves parfumés, choisissez plutôt le chèvrefeuille. Réservez-lui également un grand pot. Il est possible qu'il mette quelques années à bien s'épanouir mais cela vaut le coup d'attendre. Une petite taille en hiver devrait suffire.

DES HARICOTS SUR LE BALCON

En dehors de ces deux idées de grimpantes vivaces, vous aurez le choix entre plusieurs plantes annuelles. La première d'entre elles, et la plus facile à obtenir, est la capucine. Il suffit de la semer en pot ou en jardinière, directement en place, à partir du mois de mai et elle donne des fleurs jusqu'au mois de novembre. Pour éviter qu'elle ne s'étale, il est indispensable de la tuteurer.
Aux côtés de la capucine, on peut s'amuser à cultiver une plante tout à fait originale : le haricot d'Espagne. Il connaît une croissance impressionnante, atteignant sans difficulté de 2 à 3 m de hauteur. Outre son feuillage qui apporte une note de verdure, des fleurs apparaissent en été et laissent la place à de vrais haricots comestibles.
Toutes ces plantes, surtout les annuelles, demandent à être arrosées régulièrement, la culture en pot étant beaucoup plus exigeante que celle en pleine terre.

CONSEIL

QUELQUES ASTUCES

Pour réussir vos grimpantes sur la terrasse, utilisez quelques trucs.

1 - Pour la clématite, arrangez-vous pour que le pot soit à l'ombre (au besoin, posez des tuiles verticalement sur le pot) et que les tiges aillent courir sur un endroit ensoleillé du mur.

2 - Pour le haricot et la capucine, disposez des tuteurs dans le pot au moment du semis.

3 - En été, arrosez fréquemment vos plantes dont les pots seront déposés sur une soucoupe emplie de graviers.

(Illustrations : Steen)

JASMIN : UN PARFUM VENU D'ASIE

C'est l'une des plantes les plus populaires mais pas forcément la plus présente dans nos maisons. Il faut donc combler ce vide.

La beauté de sa fleur et son parfum suave ont fait du jasmin une plante très recherchée en parfumerie qui utilise souvent son essence comme base des compositions, notamment celle de *Jasminum officinale*. Originaire de Chine, *Jasminum polyanthum* est la plante décorative par excellence. Sa culture offre de grandes satisfactions lorsqu'on arrive à bien le faire fleurir, ce qui n'est pas toujours évident.

DES FLEURS EN FORME D'ÉTOILE

La floraison commence généralement au début de l'hiver pour s'achever aux environs du mois de mars. Pendant ces quelques mois, c'est un véritable ravissement, pour l'œil et pour le nez, d'assister à l'éclosion de centaines de petites fleurs blanches, en forme d'étoile. Le jasmin demande à avoir un support, souvent en arceau, pour s'épanouir. Pour obtenir ce résultat, vous devrez installer le pot devant une fenêtre bien éclairée par la lumière extérieure. Le soleil lui convient bien juste avant l'apparition des premières fleurs mais, après, il est préférable de le placer à un endroit où il recevra encore beaucoup de lumière, mais de façon indirecte. Dès que la floraison sera terminée, vous devrez tailler ses tiges.

(MAP/F. Didillon)

▲ **Jasminum officinale,** ***jasmin rustique, apportera son charme odorant à votre appartement ou votre balcon, il est d'ailleurs cultivé pour son parfum.***

La longueur sera variable, en fonction de la floraison qu'il a fournie. Si elle a été abondante, rabattez d'une vingtaine de centimètres. En revanche, si elle n'a pas été très fournie, il est bon de rabattre plus sévèrement. Ne faites surtout pas cette taille en été ou en automne, sinon vous seriez privé de fleurs l'année suivante. Comme le camélia et comme d'autres plantes, le jasmin fait en effet ses boutons sur les tiges de l'année précédente.

ARROSAGE SANS EXCÈS

Au même moment, si le besoin s'en fait sentir, autrement dit si la plante a eu une croissance importante et qu'elle se sent un peu à l'étroit dans son pot, vous devrez procéder à un rempotage, dans un mélange de terreau et de terre. Dès que les beaux jours seront arrivés, vous pourrez sortir votre plante, à condition de l'exposer à un endroit où elle ne subira pas les vicissitudes de la météo, comme les orages de grêle ou les vents violents. Les arrosages, en été comme en hiver, doivent être assez fréquents, sans être abondants. Veillez à ce que la surface de la terre soit toujours humide mais qu'il n'y ait pas trop d'eau dans la soucoupe. Si vous utilisez un bac à réservoir, soyez mesuré lorsque vous versez de l'eau, les racines du jasmin ne supportant pas un excès d'humidité. En été, faites des apports réguliers d'engrais liquide, environ une fois par semaine.

(MAP/F. Didillon)

▲ *Avec de la patience et un peu de doigté, vous obtiendrez de votre jasmin* **(Jasminum polyanthum)** *ces belles fleurs étoilées dont la senteur délicate imprégnera votre maison.*

PAS A PAS

OFFRIR DES JASMINS

Le jasmin, comme beaucoup d'autres fleurs, constitue un cadeau souvent apprécié. Il est très facile de le bouturer et d'obtenir ainsi des plantes à offrir.

1 - Coupez à l'aide d'un cutter un morceau de tige pris à l'extrémité et juste sous un nœud.

2 - Enlevez toutes les feuilles les plus basses.

3 - Trempez la base de cette petite tige dans une poudre à hormone.

4 - Plantez dans un petit pot de 8 cm de diamètre rempli d'un mélange de terreau et de bonne terre de jardin.

(Illustrations : Steen)

LE LAURIER-ROSE AIME LA TERRASSE

A partir du mois de juin, le laurier-rose explose de couleur et crée un décor enchanteur sur votre terrasse jusqu'à l'automne.

Ce n'est pas parce que vous n'habitez pas le Midi de la France que vous ne pouvez pas avoir chez vous des lauriers-roses. Certes, vous ne les cultiverez pas sous forme de haie si votre jardin se trouve dans l'Est ou dans le Nord, mais il vous sera toutefois possible d'en planter dans des pots sur la terrasse. Cette plante accepte en effet très bien d'être cultivée ainsi, à condition de lui offrir des contenants suffisamment grands et de respecter certaines règles.

DE L'EAU ET DU SOLEIL

En ce qui concerne la terre, vous n'avez pas trop de souci à vous faire : le laurier-rose accepte tous les types. Prenez donc celle de votre jardin et emplissez un grand pot ou, mieux, un bac d'orangerie dès que la plante aura deux ou trois ans.

QUE DES LAURIERS-ROSES !

Il n'est pas impossible de dédier son balcon ou sa terrasse à cette seule espèce. En effet, les cultivars ne manquent pas, allant du blanc au rouge, en passant par le jaune et le rose. Il existe même des variétés naines, en tout cas moins grandes, de l'ordre de 50 à 60 cm, qui permettent de créer des décors harmonieux.

A (MAP/F. Strauss)

▲ *On associe souvent le laurier-rose au Midi de la France, mais en pots, sur la terrasse ou le balcon, vous pourrez le cultiver dans tout l'Hexagone en respectant certaines règles.*

Jusqu'à cet âge, utilisez des pots classiques, autrement dit, vous choisirez votre contenant définitif lors du deuxième rempotage. Il est important que votre laurier-rose soit exposé au soleil. Si votre terrasse est orientée au sud, c'est l'idéal. Dans le cas contraire, trouvez le coin le plus ensoleillé pour y installer votre plante, quitte à la déplacer en fonction des besoins.
Le laurier-rose a en effet besoin de ce soleil pour fleurir.
Dès les premiers beaux jours, quand tout risque de gelée est écarté, il faut donc l'exposer.
Ensuite, lorsqu'il sera en fleur, en été, vous pourrez le rapporter plus près de vous, sur la terrasse. En hiver, le laurier-rose doit être abrité, si possible dans une pièce assez lumineuse.
Pour ce qui est de l'arrosage, la plante réclame des arrosages assez fréquents et copieux en été, au moins une ou deux fois par semaine, voire plus en cas de sécheresse prolongée.
Pendant toute la période de croissance, vous ajouterez une fois par mois environ un engrais liquide pour favoriser la floraison. Dès qu'il sera rentré, le laurier-rose devra être arrosé beaucoup moins souvent, environ une ou deux fois par mois de façon parcimonieuse.

B (MAP/F. Strauss)

▲ *Pelargonium, sauge, bougainvillée, œillet, lis… accompagnent ici le laurier-rose dans une ambiance qui joue les couleurs à quatre tons avec bonheur.*

▼ *Vous lui réserverez le coin le plus ensoleillé.*

C (MAP/F. Strauss)

UN GRAND NOMBRE DE VARIÉTÉS

La taille, en général, est réduite au minimum, c'est-à-dire à la suppression des rameaux anciens.
Mais vous pourrez toutefois, si vous le souhaitez, procéder à de véritables tailles permettant de donner des formes à votre plante, par exemple en arbuste sur tige. Ces opérations auront toujours lieu au tout début du printemps. Une remarque primordiale à ne surtout pas négliger : toutes les parties du laurier-rose sont très toxiques. Elles peuvent en effet entraîner la mort en provoquant des œdèmes respiratoires.
Si vous avez des enfants, faites attention à ce qu'ils ne mâchent pas les feuilles, les fleurs ou les tiges !
Pour l'organisation de votre terrasse, étant donné la taille du laurier-rose (de 5 à 6 m en pleine terre, jusqu'à 1,50 m ou 2 m en potée), ce seront des plantes à installer en arrière-plan, près du mur.
Sauf si vous décidez de ne décorer votre terrasse qu'avec le laurier-rose.

SA MAJESTÉ LE LIS

Il traverse les siècles tel qu'en lui-même pour l'éternité ! Aimé et respecté, il ne doit pas pour autant intimider le jardinier amateur car sa culture est bien plus simple qu'on ne le croit souvent.

Certes, on l'a dit et redit, et tous les petits écoliers de France l'ont appris : il est fleur de roi (même si le lis des armoiries capétiennes est un iris stylisé !) et, avant, il fut fleur de pharaon (c'était sans doute un hibiscus !) ou de grands prêtres d'Israël (ce devait être une anémone !). Qu'importe, en vérité, ces petits mensonges, le lis incarne la majesté. Trop, peut-être, car on en oublie qu'il a aussi ses fantaisies (innombrables sont ses espèces et ses variétés) et que deux fleurs, même écloses sur une tige unique, ne se ressemblent jamais. Bref, il ne faut ni se laisser intimider par le lis ni le dédaigner par anticonformisme d'autant que, si sa culture réclame des soins attentifs (notamment pour la préparation et l'entretien des terrains), elle n'en est pas moins aisée que celle de la majorité des bulbeuses.

▼ *Des tons mandarine pour* **L. bulbiferum** *qui fleurit en été.*

B (Délu)

A (MAP/Noun)

▲ *Éclatant, en terre ou en potée, le lis, ici des espèces hybrides, s'épanouit sans plus d'exigences qu'un sol bien drainé et une plantation des bulbes à plat.*

Par exemple, sous nos climats, la quasi-totalité des lis peut passer l'hiver dehors.

C (MAP/A. Descat)

▲ *Des grappes souples de fleurs blanches au cœur jaune soufre pour le lis royal* (**L. regale**), *qui parfume agréablement les jardins.*

LIS BOTANIQUES ET HYBRIDES

Plus de cinquante espèces botaniques sont toujours cultivées et cohabitent harmonieusement avec les innombrables hybrides que les horticulteurs ont créés. C'est sans doute à la magie de leur parfum que ces espèces (restées proches de leur « état de nature ») doivent leur survie. Les espèces hybrides, si belles soient-elles, ne peuvent rivaliser avec elles sur ce plan. Cette profusion d'espèces et de variétés impose une règle impérative pour qui veut vivre son initiation dans l'univers des lis avec sérénité : ne jamais acheter de bulbes dont l'emballage ne porte pas avec précision la date à laquelle ces bulbes doivent être mis en terre et, surtout, à quelle profondeur ils doivent être enterrés. Ces dates et ces profondeurs diffèrent tellement qu'il n'existe aucun principe général. Il en est de même pour les dates de floraison qui varient beaucoup.

▼ *Originaire d'Asie, le lis tigré* (**L. tigrinum**) *se distingue par ses fleurs aux pétales recourbés qui les font parfois ressembler à des turbans.*

D (MAP/A. Descat)

OMBRE OU SOLEIL

Mises à part ces différences, tous les lis réclament la même nature de sol, un sol léger (la terre de bruyère étant parfaite pour le lis qui supporte mal le calcaire) qu'on amendera si possible avec de l'humus et de la tourbe. Si l'on veut être perfectionniste ou si l'on plante certaines espèces assez peu rustiques, on paillera le sol notamment pour *Lilium regale* (lis royal), *L. tigrinum* (lis tigré) et *L. longiflorum* (lis des fleuristes).

VRAI OU FAUX

S'il n'est de vraies que les espèces ou les variétés du genre *Lilium,* bien des plantes portent ce beau nom à cause de l'aspect de leurs fleurs. Parmi celles-ci :

- **Le lis belladone : cette bulbeuse très spectaculaire par la taille et la ciselure de ses fleurs est une *Amaryl belladona* ;**
- **Le lis des Incas dont la forme est entre celle du lis et de l'orchidée est une *Alstroemeria auriantica* ;**
- **Le lis géant dont les tiges de 3 m peuvent porter des fleurs en trompette de 20 cm de long est une *Cardiocrinum giganteum* ;**
- **Le lis queue-de-renard qui peut porter des centaines de petites fleurs sur une seule tige est une *Eremurus bungei* ;**
- **Le lis de Saint-Jacques, immense fleur de serre, est une *Sprekelia formosissima* ;**
- **Le lis d'eau ou des étangs est une *Nymphaea.***

Divers iris parmi ceux qui poussent au bord de l'eau portent aussi le nom de lis.

	PLANTATION	FLORAISON	EXPOSITION	TERRE	ARROSAGE	UTILISATION
Lis 	automne	entre juillet et septembre	ensoleillée	sol léger, terre de bruyère	régulier	pots, massifs, bordures

L'expérience venant, l'amateur s'essaiera ensuite à la reproduction des plantes par division des touffes et des bulbes ou séparation des caïeux ou bulbilles. Enfin, il apprendra à jouer de l'ombre et du soleil pour obtenir des fleurs aux nuances toujours plus belles, l'ombre favorisant le dégradé des couleurs mais fragilisant beaucoup la plante. Mais qu'on se rassure, même menée de manière « fruste », le lis sera toujours une fleur magnifique.

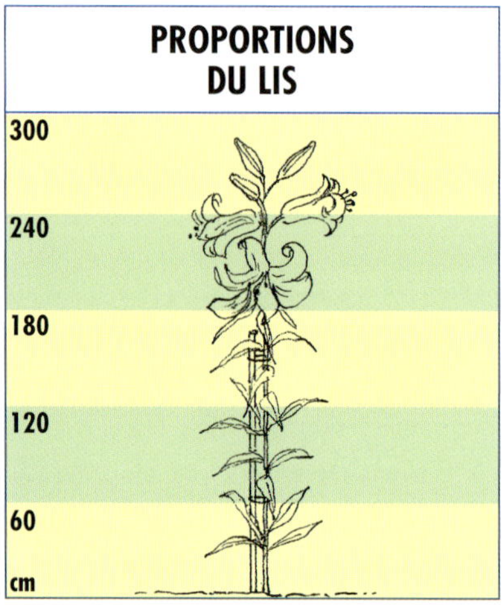

A (MAP/C. Nichols)

▲ *Toutes les espèces apprécient d'être plantées à l'abri du vent, longues tiges obligent.*

LE VERTIGE DU CHOIX

Que choisir, d'autant que leur classification est très floue ? Tout en se laissant mener par son cœur, on se laissera séduire par quelques grands classiques qui savent jouer aussi bien nos nez que nos yeux et l'on sera attentif à la taille des tiges selon les usages que l'on veut réserver à cette plante. Honneur d'abord au lis blanc *(L. candidum)* et au lis en cornet des fleuristes *(L. longiflorum)* qui incarnent par leur découpe très géométrique tous les mythes de cette fleur.

▼ *Du jaune pour ce lis hybride américain qui, comme la plupart des lis, préfère le soleil à l'ombre*

B (MAP/N. et P. Mioulane)

A QUELLE PROFONDEUR PLANTER ?

De 2 à 25 cm selon les espèces ! Celles qui sont susceptibles d'émettre des racines au-dessus du bulbe devant être plantées le plus profondément *(Lis regale, Lis tigrinum, Lis henryi)*. Parmi les plus courantes : Lis géant ou *L. giganteum* : de 2 à 3 cm en laissant le sommet du bulbe effleurer à l'air libre ; *L. candidum* : 10 cm, mais moins si on le replante après division des bulbes pendant sa période de repos (d'août à octobre) ; lis doré ou *L. auratum* : 13 cm ; *L. martagon* : 15 cm ; *L. speciosum* : de 15 à 20 cm. Quant aux hybrides, on lira soigneusement les étiquettes !

C (MAP/C. Nichols)

▲ *Le lis martagon* (L. martagon) *pousse à l'état sauvage dans nos montagnes.*

Très délicat par ses blancheurs que nimbent de subtils roses et des jaunes évanescents, le lis royal *(L. regale)* est assez sensible au froid. Plus affirmé dans ses couleurs, *L. speciosum* se conjugue du blanc le plus pur aux carminés. Plus fantaisistes - car jouant autant l'inattendu que la perfection géométrique - sont le rouge martagon (il existe à l'état sauvage dans nos montagnes), le roi des lis *(L. auratum)* dont les pétales blancs se ponctuent de plusieurs couleurs, dont le noir, le tigré aux fleurs qui se déclinent dans un fastueux carrousel d'orange et de rouges. Bref, des royaumes à explorer et qui deviennent des continents si l'on y ajoute tous les hybrides. Pensez que dans de multiples classifications aussi éphémères que discutables, on distingue des lis à fleurs en turban, en trompette, en coupe... Qu'importe, tout cela est très beau !

PAS A PAS

PLANTER AVEC SOINS

Pour faire durer et bien faire fleurir, il faut soigner le terrain.

1 - Choisissez un terrain bien drainé, riche en humus et exposé de manière telle qu'il reçoive le soleil jusqu'au milieu de l'après-midi.

2 - Sur 40 à 50 cm de profondeur, enrichissez le terrain avec un mélange égal de terreau de feuilles et de tourbe.

3 - Si le terrain est trop humide, prévoyez des plates-bandes surélevées.

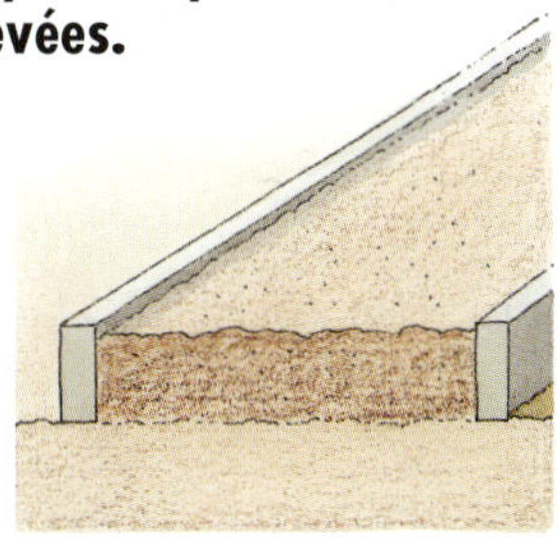

4 - A la date indiquée, variable selon les espèces, et en se servant uniquement d'un transplantoir ou d'un plantoir à bulbes, plantez en posant bien l'oignon à plat et selon les profondeurs indiquées pour chaque espèce.

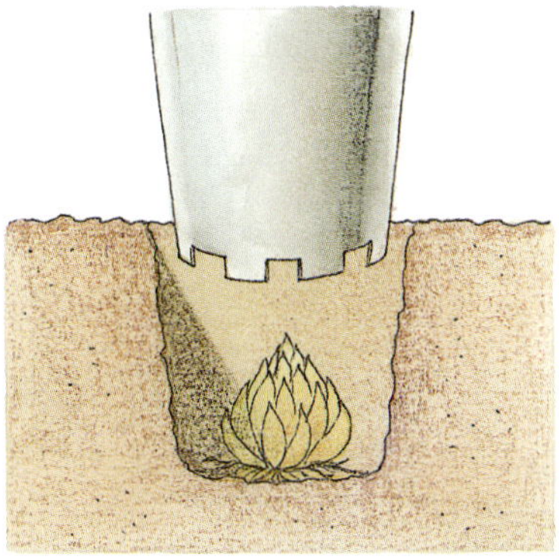

5 - Étalez sur le sol un paillis et arrosez régulièrement sans laisser d'humidité stagnante.

(Illustrations : Steen)

D (MAP/F. Didillon)

► *Le lis en cornet des fleuristes* (L. longiflorum) *incarne, avec le lis blanc, toute la mythologie attachée à cette fleur.*

UN AIR JOLI DE MARJOLAINE

Plante condimentaire peu connue, souvent confondue avec l'origan vulgaire, la marjolaine doit gagner sa place dans nos jardins ou sur nos fenêtres.

Son nom a une consonance poétique. Et cette touche de poésie, la marjolaine l'apporte dans les plats où l'on veut bien la mettre : les ragoûts, les tomates… Utilisée de préférence seule, sans l'associer à d'autres plantes condimentaires parce que son goût est assez fort, elle ne doit pas cuire trop longtemps. On l'ajoute en général quelques minutes avant la fin de la cuisson. Ce sont les feuilles et les tiges dont on se sert, et pas les petites fleurs qui apparaissent en été.

ELLE CRAINT LE FROID

Cette plante très ancienne, dont se servaient les Romains, est assez fragile et ne supporte pas le froid. C'est la raison pour laquelle elle est cultivée en annuelle.

► ***Ainsi plantée, en pot ou en jardinière, la marjolaine vous offrira tout son parfum une bonne partie de l'année.***

(Inside/P. Ferret)

LE SAVIEZ-VOUS ?

Si vous associez la marjolaine à d'autres plantes aromatiques, comme la lavande et la mélisse, vous pourrez également fabriquer de petits sachets de toile dans lesquels vous mettrez vos plantes séchées, sachets que vous glisserez dans un oreiller pour passer de bonnes nuits.

Marjolaine 	SEMIS	RÉCOLTE	EXPOSITION	ARROSAGE	UTILISATION
	mars	de juin à septembre	ensoleillée	réduit	massifs, rocailles, pots

On peut la semer en pépinière au printemps et la mettre en place à partir de la mi-mai, quand les gelées ne sont plus à craindre, et si possible dans un coin bien exposé du jardin. Il suffit d'en faire quelques pieds, ce n'est pas une plante qu'on utilise aussi fréquemment que le persil ou la ciboulette. Cet usage plus rare est d'ailleurs peut-être un peu regrettable parce que l'on prête à la marjolaine des vertus médicinales, et notamment digestives.
On la confond souvent avec l'origan *(Origanum vulgare)* qui est également appelé marjolaine sauvage. Le nom latin de la variété cultivée qui nous intéresse ici est *Origanum majorana* ou *Majorana hortensis.* Contrairement à la marjolaine, l'origan est vivace et très résistant.

CULTIVEZ-LA A LA MAISON

Si la plante se plaît au jardin, elle ne dédaigne pas la culture en pot, sur le rebord d'une fenêtre ou bien sur la terrasse. Il est en effet très facile de l'obtenir ainsi, et il est même possible, dans ces conditions de culture, d'en avoir une bonne partie de l'année.
Si vous ne voulez pas semer la marjolaine, vous trouverez sans difficulté des plants à repiquer en jardinerie. Quelle que soit la méthode que vous utiliserez, choisissez un bon terreau de plantation.
Comme la plupart des plantes condimentaires, la marjolaine peut être consommée séchée, mais elle donnera plus de saveurs à vos plats si vous la consommez fraîche, aussitôt après la cueillette. Si vous voulez absolument en conserver parce que vous n'avez pas la place ou le temps d'en cultiver toute l'année, mettez-la dans l'huile.

(MAP/F. Strauss)

► ***Avec son goût assez prononcé, mais très raffiné, et un si joli nom, la marjolaine devrait gagner une plus grande place dans le cœur de nos cuisines.***

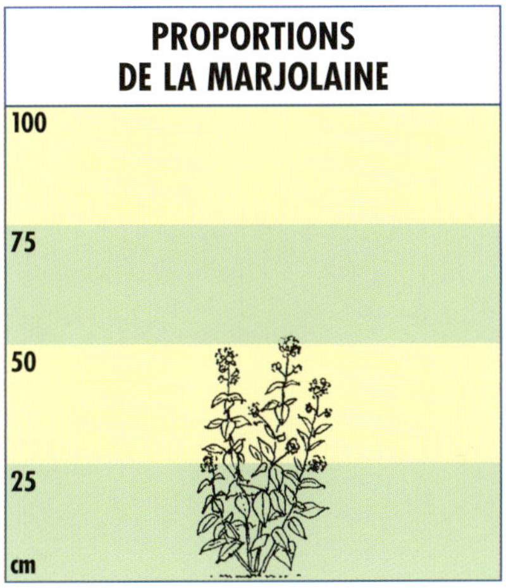

LE MYOSOTIS, FLEUR QUE L'ON N'OUBLIE PAS

Elle fait partie de ces fleurs que tout le monde connaît, mais que l'on ne trouve pourtant pas dans tous les jardins. Si sa réputation est aussi grande, c'est donc qu'elle possède beaucoup de charme...

Forget-me-not : les Anglo-Saxons lui ont donné un nom que des amoureux peuvent se donner. « Ne m'oublie pas » est en effet un peu plus poétique que le terme botanique, un mot venant directement du grec et qui signifie « oreille de souris »... Pour nous, ça reste le myosotis et dès qu'on l'évoque, on voit immédiatement ses petites fleurs bleues qui ornent les massifs au printemps.

UNE PLANTE RUSTIQUE

Il existe une cinquantaine d'espèces de myosotis. Certains sont vivaces, d'autres annuels ou bisannuels.

A (MAP/F. Strauss)

► *C'est le bleu, qui marie de façon unique douceur et luminosité, que l'on imagine quand on évoque le myosotis, ici* Myosotis sylvatica.

A NE PAS CONFONDRE

Une plante vivace, fleurissant également au printemps, en bleu comme de nombreux myosotis, est appelée myosotis du Caucase. Il s'agit de *Brunnera macrophylla.* Elle fait partie de la même famille que le myosotis, les boraginacées, mais ce n'est pas un myosotis. Cela étant, c'est une très belle plante et on ne doit pas se priver de la cultiver si on en a la possibilité.

Mais c'est souvent sous cette dernière forme qu'on les cultive, même lorsqu'il s'agit de vivaces. La méthode de culture la plus courante consiste à semer les graines au mois d'août en pépinière, repiquer en pépinière et mettre définitivement en place soit en automne soit au printemps suivant. Les plants doivent être installés à une vingtaine de centimètres environ les uns des autres, dans une terre bien drainée. C'est en réalité la seule condition imposée par cette plante qui accepte de pousser dans n'importe quel type de sol. Mais le drainage est important car le myosotis ne résisterait pas aux hivers trop humides, ses racines pourriraient. Il est indiqué, par ailleurs, de lui trouver, au jardin, une place ensoleillée la plupart du temps, avec quelques heures d'ombre dans la journée. Cultivé correctement, le myosotis est une plante très résistante qui supporte bien les climats les plus rigoureux.

Myosotis	PLANTATION	FLORAISON	EXPOSITION	TERRE	ARROSAGE	UTILISATION
	automne ou printemps	de mars à juin	ensoleillée ou mi-ombre	bien drainée	inutile	massifs, plates-bandes, bordures pots

B (Délu)

▲ *Le myosotis des Alpes* **(M. alpestris),** *ici la variété 'Rosylva', est l'espèce la plus répandue.*

C (MAP/A. Descat)

◀ ***Le myosotis appartient à ces espèces qui apportent un charme subtil au jardin où qu'elles poussent, massif ou bordure d'un sentier dallé. Jardin privé à Rémalard (Orne).***

DES VARIÉTÉS PRESQUE AQUATIQUES

Le myosotis trouvera sa place dans de nombreuses compositions, en bordures ou en massifs par exemple. Il pourra être associé avec bonheur avec des fleurs comme les pâquerettes, les pensées ou encore des bulbeuses printanières. L'espèce la plus connue et la plus répandue est *Myosotis alpestris,* le myosotis des Alpes.

A (MAP/F. Strauss)

▲ *Vous pourrez le planter en jardinière sur le balcon, il n'attire pas les prédateurs.*

Il en existe plusieurs cultivars, qui varient essentiellement par la hauteur des tiges et la couleur des fleurs. Celles-ci peuvent en effet être bleues ('Ultramarine','Merveille bleue', 'Compindi','Pompadour'...), blanches ('Victoria','Alba'...) ou roses ('Rosylva'...) ; elles ont toutes un cœur jaune. Leur taille est comprise entre une dizaine et une trentaine de centimètres. *Myosotis sylvatica* est une bisannuelle ou une vivace qui peut être plus haute que l'espèce précédente, avec des feuilles plus grandes, mais les fleurs sont assez comparables. Elles fleurissent à la même époque et les plus hautes peuvent être coupées, donnant de très belles fleurs pour les vases.

Une autre espèce, *Myosotis palustris,* a des caractéristiques proches de *Myosotis alpestris,* mais elle ne pousse que près des marais, des étangs ou des autres points d'eau. C'est une vivace que l'on plante en automne ou au printemps dans une terre lourde ou boueuse. On dénombre plusieurs cultivars : 'Mermaid' avec des fleurs d'un bleu intense, 'Alba' aux fleurs blanches... Vous pouvez aussi semer les graines de myosotis des marais directement en place, au mois d'avril, au bord d'un bassin, ou bien sous un châssis, dans une caissette remplie de terreau tenu humide en permanence. Il est même possible de cultiver cette espèce comme une plante aquatique, à condition de la planter dans une eau très peu profonde, de l'ordre de 10 cm. Quelle que soit la variété utilisée, vous aurez chaque année de nouveaux pieds qui apparaîtront, car c'est une plante qui se ressème très volontiers.

► *Pour multiplier le myosotis, c'est facile, la plupart des variétés se ressèment toutes seules.*

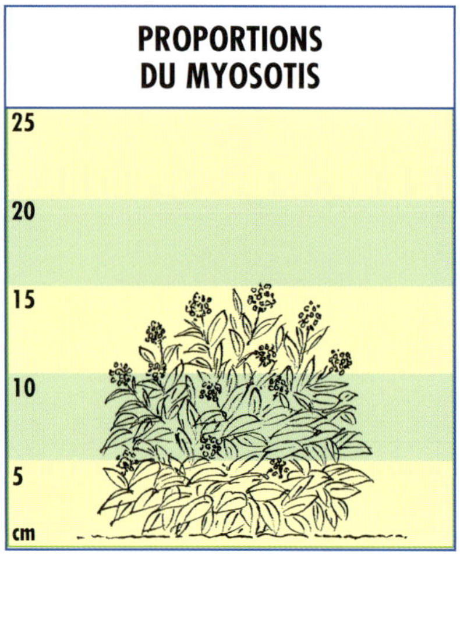

B (MAP/N. et P. Mioulane)

C (MAP/P. Nief)

▲ *Le myosotis des marais* (Myosotis palustris), *comme son nom l'indique, aime les terres humides.*

ATTENTION AUX LIMACES !

Une fois qu'ils sont installés, les myosotis ne demandent pas beaucoup de soins. En fait, soit ils se plaisent et vous n'aurez pas à vous en occuper, soit ils ne se plaisent pas et, dans ce cas, vous aurez beau tout essayer, ils ne viendront pas. Si vous avez la chance de leur trouver le bon emplacement, vous serez ébloui par leurs toutes petites fleurs qui apparaissent dès le mois de mars et qui peuvent se prolonger jusqu'en juin. Il faudra tout de même faire attention à d'éventuelles attaques, soit de champignons qui peuvent provoquer l'oïdium ou la pourriture grise, soit de limaces ou d'escargots qui adorent manger les feuilles, surtout quand le début de printemps est humide. Pour éviter ce genre de désagrément, répandez de la cendre autour de vos pieds de myosotis et, au besoin, mettez des granulés anti-limaces.

▼ *En associant plusieurs variétés, vous pouvez constituer des parterres multicolores dans une gamme de couleurs qui comprend le bleu, le rose et le blanc.*

D (MAP/F. Didillon)

PAS A PAS

D'ABORD LE SEMIS

Qu'ils soient vivaces, annuels ou bisannuels, les myosotis se reproduisent très bien par semis.

1 - Semez directement en place au mois de mars, ou un peu avant en caissettes à l'abri.

2 - Éclaircissez à environ 20 cm quand les plantes ont fait quelques feuilles.

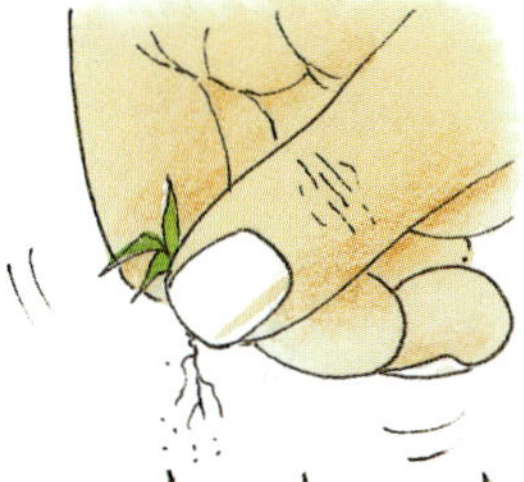

3 - Pour avoir un massif de myosotis les années suivantes, laissez les plantes se ressemer elles-mêmes.

(Illustrations : Steen)

NEMESIA, UNE BELLE VENUE D'AFRIQUE

Plante idéale pour le jardinier, la nemesia ne sera exigeante que sur un point : l'absence de gelée au printemps.

Originaire d'Afrique du Sud, cette plante annuelle appartient à la famille des scrophulariacées qui compte dans ses rangs la lunaire, le penstemon, la digitale, la calcéolaire, entre autres. Au total, ce sont plus de 4 000 espèces qui composent cette grande famille. La plupart d'entre elles poussent à l'état naturel dans les régions tempérées, ce qui n'est pas le cas de la nemesia. Cela dit, elle s'acclimate fort bien lorsqu'on la cultive. Dans sa zone d'implantation originelle, la nemesia regroupe une cinquantaine d'espèces d'annuelles, de vivaces et même de sous-arbrisseaux. Dans nos jardins, nous ne considérerons que quelques-unes de ces espèces et qui toutes seront des annuelles.

PROPORTIONS DE LA NEMESIA

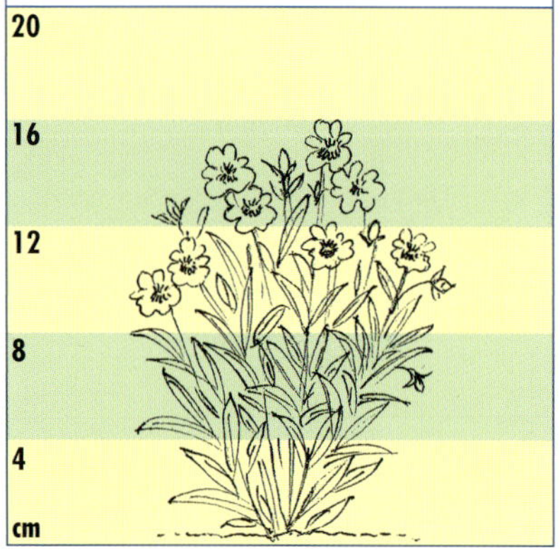

D (MAP/N. et P. Mioulane)

▲ *Gracieuse en tous lieux, la nemesia, ici l'hybride 'Bluebird', constitue aussi de jolis bouquets.*

DE L'EAU EN CAS DE SÉCHERESSE

La gamme d'utilisation de la nemesia est relativement large puisqu'on peut la cultiver aussi bien en serre qu'au jardin ou même en pot ou en jardinière. L'essentiel est de lui apporter de la chaleur pour lui rappeler au maximum son climat de naissance. Si vous voulez l'installer à l'extérieur, vous choisirez donc des endroits bien exposés au soleil. Mais rassurez-vous : il n'y a aucun problème à l'adapter et pratiquement toutes les régions pourront voir fleurir des nemesias. Autre règle à respecter pour une bonne évolution de vos plantes : le sol de culture devra être acide, frais et bien drainé. Il ne faut surtout pas fumer le terrain avant le semis, la nemesia n'appréciant pas les sols trop riches. Il est par ailleurs indispensable d'arroser assez fréquemment en plein été, surtout s'il s'agit d'une saison plutôt sèche. Ces apports réguliers d'eau favoriseront une floraison beaucoup plus longue.

B (MAP/N. et P. Mioulane)

▲ *Espèce vivace,* Nemesia caerulea *se cultive dans le Midi de la France au jardin.*

C (MAP/N. et P. Mioulane)

► *C'est dans un sol acide et bien drainé que vos nemesias pousseront le mieux et longuement si vous les arrosez régulièrement.*

ERREUR SUR LA PERSONNE

Dans la mythologie grecque, Némésis est la déesse de la vengeance. On ne voit guère quelle vengeance pourrait symboliser la nemesia, cette fleur si belle et qui, en aucun cas, n'est dangereuse. La seule explication que l'on peut avancer c'est qu'un médecin grec du 1er siècle après J.-C., Dioscoride, a donné ce nom à une plante voisine. Et il a été repris plus tard pour désigner la plante qui nous intéresse. Il s'agirait donc d'une confusion...

UNE FLORAISON PRINTANIÈRE AU SUD

La culture en serre se fera dans un pot ou une jardinière exposé à la pleine lumière. Là aussi, les arrosages devront se faire régulièrement, un rythme hebdomadaire étant tout à fait satisfaisant. Si les plantes vous paraissent pousser très rapidement en ne faisant que quelques rares tiges, coupez l'extrémité de celles-ci pour inciter la nemesia à se ramifier et à donner une plante très étoffée. Pour une culture en pleine terre, vous sèmerez les graines dans de petits pots de tourbe sous châssis, ou sous une mini-serre à la maison, au mois de mars. Vous ne conserverez que le plant qui vous semblera être le plus vigoureux et vous mettrez en place définitive (le pot et son contenu) au mois de mai à environ 20 ou 30 cm de distance. Veillez à ne pas installer trop tôt, car la nemesia ne supporte pas la moindre gelée printanière... En semant dans ces conditions, vous obtiendrez une floraison qui s'étendra de début juillet à mi-septembre. Pour avoir une floraison printanière, il faut semer en septembre-octobre en pépinière et repiquer en petits pots que l'on protégera sous châssis. La mise en place définitive se fera en avril pour une floraison débutant en mai. Mais cette technique, compte tenu des précautions que nous vous avons conseillé de prendre, sera réservée aux régions les plus douces.

A (MAP/N. et P. Mioulane)

► ***Si vous habitez une région un peu fraîche, vous pourrez cultiver* N. caerulea *en pot.***

	SEMIS	FLORAISON	EXPOSITION	TERRE	ARROSAGE	UTILISATION
Nemesia	mai	de juillet à septembre	ensoleillée	pas trop riche	régulier	massifs, pots, rocailles

B (MAP/F. Strauss)

◄ ***Il existe de nombreux cultivars de* N. strumosa *qui jouent avec finesse sur la gamme des couleurs.***

En précisant toutefois que ce type de floraison avancée est souvent moins éclatant qu'une floraison estivale.

ELLE SE TIENT BIEN DANS UN VASE

L'espèce la plus fréquemment répandue chez les grainetiers est *Nemesia strumosa*.
Ce n'est pas un hasard, car elle est rustique et, en plus, il existe de nombreux cultivars, ce qui offre une gamme de couleurs assez étendue, allant du blanc au rouge, en passant par le rose et le bleu. Pour avoir un mélange, vous opterez pour 'Carnaval'.
Coloré uniquement de rouge et de blanc, à l'image du drapeau danois dont il porte le nom, 'Danish Flag' donne de superbes fleurs bicolores, rouge et blanc. Bleu et blanc sont les couleurs de 'KLM', une autre variété intéressante par sa beauté et sa rusticité. Dans des tons orangés, on peut citer 'Prince of Orange'.
La nemesia est une fleur sur laquelle il faut se pencher, car elle permet de réaliser de superbes compositions et, surtout, un peu dans tous les coins du jardin ou de la terrasse. On peut en effet l'utiliser en bordure de massifs, comme taches colorées dans ces massifs, dans les jardins de rocaille (dans le Midi, vous pourrez même cultiver une espèce vivace comme *Nemesia caerulea),* en pots, en jardinières... En plus, aspect non négligeable, ses fleurs se tiennent très bien dans un vase !

▼ *Riche en coloris,* **Nemesia strumosa** *est l'espèce la plus répandue chez les grainetiers.*

A (MAPIN et P. Mioulane)

PAS A PAS

LE SEMIS D'AUTOMNE

Pour avoir des nemesias dès le mois de mai, il faut semer au début de l'automne.

1 - Semez en pépinière en septembre ou en octobre.

2 - Repiquez 3 ou 4 pieds dans un petit pot et placez sous châssis pendant tout l'hiver.

3 - Mettez en place en pleine terre dans les régions douces (ou en pots ailleurs) en avril.

(Illustrations : Steer)

LA RONDE PARFUMÉE DES ŒILLETS

Il serait bien étonnant que vous ne trouviez pas votre bonheur dans le vaste choix qui vous est offert par les œillets.

On compte environ 300 espèces d'œillets. Autant dire que le choix est très vaste et qu'il est bien rare de ne pas trouver une variété qui plaît. Une partie seulement de ces espèces sont annuelles, les autres étant des vivaces.

DES PÉTALES DENTELÉS

Les œillets les plus connus, parce qu'on les trouve chez tous les fleuristes, portent justement ce nom d'œillets des fleuristes, ou plus scientifiquement *Dianthus caryophyllus*. L'espèce qui est à la base de pratiquement toutes les autres, dans cette catégorie, est l'œillet marguerite. C'est celui qui produit ces

◄ ***Avec ses petites fleurs, l'œillet de Chine* (Dianthus sinensis) *agrémente jardins et jardinières.***

(MAP/A. Descat)

(MAP/F. Didillon)

▲ ***Haut sur tige, l'œillet des fleuristes* (Dianthus caryophyllus) *au parfum doux et prégnant se plaît en massif où il fleurit en juillet.***

(MAP/F. Didillon)

▲ *A la fin du printemps, l'œillet de poète* (Dianthus barbatus) *fleurit en de multiples petites fleurs parfumées.*

fleurs si caractéristiques, avec leurs pétales dentelés, de toutes les couleurs (rose, rouge, blanc, jaune...), et qui exhalent un parfum incomparable.
Pour avoir une floraison entre mai et août, il faut semer les graines en août de l'année précédente, en ne les recouvrant pratiquement pas de terre. Après une hibernation en serre froide, on le repique au début du printemps. Mais vous pouvez obtenir une floraison plus tardive, par exemple en semant en pépinière au mois de mars et en mettant en place juste avant le début de l'été. Vous aurez ainsi des fleurs à couper en septembre. Si vous n'avez pas le temps de vous occuper des semis, vous n'aurez aucun problème à trouver des plantes à repiquer en jardinerie au mois de mai.

UNE FLORAISON TARDIVE

L'œillet chabaud est l'une des variations améliorées de l'œillet marguerite. Il a à peu près la même taille, une cinquantaine de centimètres environ, mais son parfum est plus intense, ses fleurs doubles et il est plus résistant. La floraison, dans la plupart des régions, se poursuit sans trop de problèmes jusqu'au mois d'octobre. Certaines variétés sont naines et acceptent volontiers d'être cultivées en pots, ce qui est un avantage indéniable si vous n'avez pas de jardin. Vous pourrez tout de même profiter de cette fleur sur votre terrasse.
L'œillet de Chine, *Dianthus sinensis*, est une autre espèce annuelle. Celle-ci n'a pas le parfum des précédentes mais ce « handicap » est largement comblé par la multiplicité de couleurs de ses fleurs et par leur abondance. Plus petit aussi, puisque sa hauteur ne dépasse pas 30 cm, l'œillet de Chine vient sans difficulté en pots et jardinières. A l'extérieur, il entrera avec bonheur dans la composition de vos massifs et de vos jardins de rocaille.

SOUTENEZ LES TIGES

Les œillets de fleuristes, les plus grands, ont souvent besoin d'être tuteurés pour éviter que leurs tiges ne ploient. Le plus simple est d'installer un petit tuteur au milieu de deux ou trois œillets et de les attacher autour de ce même support. On utilise soit un petit morceau de fil soit une attache spéciale, que l'on remonte au fur et à mesure de la croissance de la plante.

(MAP/M. et P. Mioulane)

Le mode de culture est identique à celui de l'œillet des fleuristes ou de l'œillet chabaud, en annuel ou en bisannuel. Pratiquement toutes ces espèces possèdent des variétés remontantes.

▲ ***Pots, jardinières ou massifs, les œillets y prospèrent à condition d'avoir du soleil.***

DES ESPÈCES VIVACES

Deux espèces vivaces méritent grandement qu'on s'attarde sur elles. L'œillet de poète *(Dianthus barbatus),* tout d'abord, avec ses nombreuses petites fleurs parfumées regroupées, aux pétales barbus (ce qui explique l'origine de son nom latin) et formant presque à elles seules un bouquet. Il se sème en avril en pépinière où il doit être repiqué une première fois. Il n'est mis en place définitivement qu'à l'automne et il fleurit à la fin du printemps. On l'utilise à peu près de la même façon que les autres œillets, pour les massifs et aussi en pots, notamment en ce qui concerne les variétés naines. Deuxième espèce vivace intéressante : l'œillet mignardise, *Dianthus plumarius*. Certaines variétés de mignardise n'ont pas du tout le même type de fleurs que leurs « cousins ». Lorsqu'elles sont simples, ce sont en effet de grosses fleurs à cinq pétales assez étalés.

(MAP/A. Descat)

◄ ***Les fleurs de l'œillet de poète forment de véritables bouquets.***

UNE VIEILLE HISTOIRE

Il serait sans doute présomptueux de dire exactement à quelle époque remontent les premiers œillets. Ce qui semble toutefois à peu près sûr, c'est qu'ils existent à l'état naturel depuis de nombreux siècles, et vraisemblablement sous une forme peu différente de celles que l'on connaît aujourd'hui. C'est au XIXe siècle que les premières formes cultivées sont apparues.

Œillets	SEMIS	FLORAISON	EXPOSITION	ARROSAGE	UTILISATION
	printemps ou été	de mai à octobre	ensoleillée	réduit	massifs, rocailles, pots

Tous ces œillets aiment des terres bien drainées et légères, ne détestent pas la rocaille et apprécient par-dessus tout le soleil. En espaçant chaque pied d'une trentaine de centimètres et en en regroupant plusieurs, on obtient de très belles taches de couleur. Si vous ne coupez pas les fleurs pour les mettre dans un vase, il est important de les enlever dès qu'elles sont fanées et, en fin de floraison, de rabattre sévèrement la plante.

◄ ***L'œillet de Chine ne dépasse pas 30 cm de hauteur et convient particulièrement aux massifs.***

(MAP/A. Descat)

▼ ***Vous trouverez parmi les nombreuses variétés d'œillets celle qui vous plaira plus particulièrement.***

(MAP/Frédéric Didillon)

PAS A PAS

SEMER SES ŒILLETS

Semer ses œillets est moins facile que de les acheter en jardinerie mais ô combien plus satisfaisant !

1 - Semez les graines en janvier dans une mini-serre.

2 - En mars, repiquez les plants les plus vigoureux en godets.

3 - Mettez définitivement en place au mois de mai.

(Illustrations : Steen)

LA PENSÉE UNIQUE

Décorative, facile à obtenir, la pensée est une fleur recherchée des jardiniers qui obtiennent avec elle des résultats toujours satisfaisants.

Pour avoir de très belles pensées *(Viola wittrockiana)* dans vos massifs à partir du printemps, c'est en été qu'il faut les semer. Cette catégorie de plantes vivaces, les violacées, que l'on cultive cependant comme les bisannuelles, compte dans ses rangs l'une des fleurs les plus célèbres au monde, sans doute par la fragilité qui la caractérise, par sa beauté et son parfum : la violette odorante *(Viola odorata)*. Tout le monde connaît cette fleur annonçant le printemps, poussant en bordure des bois et, de plus en plus, dans les jardins où elle s'est très bien acclimatée.

(MAPIN. et P. Mioulane)

▼ ***Pétales pourpres à macules pour cette pensée, bien disposée sur tous les terrains, ou presque, et robuste.***

(Digital Vision)

▲ *La pensée* (Viola wittrockiana) *vous offre cette alliance subtile d'une fleur toute simple et d'une palette infinie de teintes, douces ou vives, mais toujours lumineuses.*

(MAP/Noun)

▲ *La pensée agrémente avec bonheur les massifs, les bordures, et se marie avec de nombreuses espèces dans des compositions jouant la complémentarité ou le contraste.*

DE MULTIPLES COLORIS

De cette variété originelle sont nés de nombreux hybrides que l'on cultive aujourd'hui avec bonheur. Tous font immanquablement penser à la violette sauvage, à cette différence près que les cinq pétales qui composent les fleurs se sont agrandis et ont trouvé une apparence de force et de vigueur que n'a pas la violette. Et, par ailleurs, la seule couleur violette n'est plus la caractéristique des pensées qui ont réussi à adopter des tons variés allant du jaune au noir.

Pour n'en citer que quelques-unes, voici des variétés qui agrémenteront votre jardin : la série 'Rêve', comme 'Rêve de Chine', de floraison précoce dans des coloris plutôt clairs (rose, blanc...) et avec de grandes fleurs d'une seule couleur, sans macules ; la 'Favorite', qui possède un peu les mêmes caractéristiques de précocité, mais qui donne beaucoup plus de fleurs très résistantes aux vicissitudes du climat.

(Digital Vision)

◄ *Selon les variétés, vos pensées fleuriront plus ou moins tôt dans la saison.*

PAS A PAS

SEMIS ET REPIQUAGE

Il est très facile d'obtenir de belles pensées par semis en été. Elles fleuriront au printemps suivant.

1 - Semez en juillet-août dans un coin ombragé du jardin, abrité des intempéries.

2 - Lorsque les plantules ont atteint 4-5 cm de hauteur, repiquez les plants les plus vigoureux dans un endroit comparable à celui du semis.

3 - A l'automne, mettez en place en espaçant les pieds de 20 cm, sans trop les enfoncer dans la terre.

(Illustrations : Steen)

(MAP/F. Strauss)

▲ ***En pots ou en jardinières, elle donne le meilleur d'elle-même, mais il faudra veiller à la planter dans une terre qui ne soit pas très riche sinon ses feuilles se développeraient trop au détriment des fleurs.***

Pour obtenir une belle harmonie dans vos massifs ou bordures, il est intéressant de semer ces pensées en jouant sur la complémentarité de leurs couleurs ou de celles d'autres plantes fleurissant à la même époque, comme les tulipes ou les narcisses.

TIGES COURTES POUR TOUTES

Sauf la dimension de leurs fleurs, qui peut varier, la hauteur de toutes ces pensées est sensiblement la même, une quinzaine de centimètres de hauteur. Plantées à 20-25 cm de distance, elles s'exprimeront parfaitement. Vous devrez semer les graines en juillet-août en pépinière, en veillant à ne pas exposer en plein soleil et si possible dans une terre assez légère et de bonne qualité. Un premier repiquage doit avoir lieu, toujours en pépinière, dès que les plantules auront une taille pouvant supporter cette opération, et le second s'effectuera en place à l'automne.

UNE TRÈS BONNE TENUE EN POTS

Les pensées sont peu exigeantes sur la nature de la terre dans laquelle elles sont plantées, il n'en reste pas moins qu'elles apprécient une bonne terre de jardin, bien drainée et fraîche. Elle ne doit cependant pas être trop riche pour éviter un développement trop important des feuilles au détriment des fleurs. Dès les premiers rayons de soleil, les fleurs apparaîtront. Au moindre coup de gel, elles risquent de se flétrir. Il est donc préférable de les installer dans un coin relativement bien protégé, notamment des vents froids qui peuvent être fatals. Mêmes conseils à suivre si vous effectuez des plantations de pensées en pots ou en jardinières sur votre balcon. Elles supportent bien ce type de culture, à condition, répétons-le, de les exposer le plus favorablement possible, au sud et à l'abri du vent.

	SEMIS	FLORAISON	EXPOSITION	ARROSAGE	UTILISATION
Pensées 	juillet-août	de mars à septembre	ensoleillée	régulier	pots, jardinières, massifs, bordures

Pour ce qui est du choix des pots pour les cultures sur le balcon ou en terrasse, il faut opter pour un contenant d'environ 12 cm de diamètre et de profondeur par pied de pensée.

(MAP/N. et P. Mioulane)

◄ ***Mélange de hasard ou savamment étudié, avec les pensées le tableau est toujours réussi.***

UNE PLANTE GÉNÉREUSE

Quel que soit le mode de culture que vous allez adopter, sachez qu'il est très important de couper les fleurs dès qu'elles sont fanées. Les pensées font en effet partie de ces plantes qui n'hésitent pas à refleurir si l'on accomplit cette opération. Considérée comme une plante robuste, la pensée n'est effectivement que peu touchée par les maladies. Seule une pourriture atteint parfois les tiges, mais il est facile de la prévenir en cultivant la plante dans une terre saine et bien drainée, et en n'enfonçant pas trop profondément les pieds que l'on repique. On ne devra pas trop arroser, sauf en période vraiment sèche.

▼ ***La petite violette* (Viola odorata) *appartient à la famille de la pensée.***

(MAP/Alain Guerrier)

CONSEIL

Pour allier l'utile à l'agréable, plantez donc des pensées autour de vos pieds de rosiers. En plus de l'aspect esthétique évident, les pensées joueront un rôle efficace contre l'invasion des mauvaises herbes. Elles prendront en effet la place de celles-ci et vous éviteront quelques travaux pénibles d'arrachage ou de traitement.

LES ATOUTS DU PERSIL

Il donne bon goût à vos plats, il est très riche en vitamine C et, en plus, il est beau. Pourquoi s'en priver ?

Le persil est l'une des plantes les plus communes de nos potagers. C'est certainement aussi l'une des plus anciennes. De nombreuses croyances étaient attachées au persil, les Grecs refusant d'en manger parce qu'ils croyaient qu'il attirait la mort. Croyances positives également puisqu'il est censé soigner bon nombre de maux, comme les maux de tête, de dent ou d'oreille. Considéré comme bon diurétique, il était souvent utilisé dans un autre cas : pour la régulation menstruelle des femmes.

UNE PLANTE DE GOÛT

Ce qui est certain, c'est qu'il est très riche en vitamines, C notamment, même si ce n'est pas la raison essentielle de son usage comme plante condimentaire. C'est en effet cette dernière utilisation qui explique largement sa présence dans nos jardins. Quelques brins de persil donnent un goût incomparable aux salades, aux omelettes... Il est pratiquement toujours utilisé cru.
Il existe plusieurs variétés de persil, mais les plus courantes sont le persil commun, aux feuilles plates et bien découpées, et le persil frisé. Le second, pendant de longues années, a empiété sur la variété non frisée, ce qui est en train de changer. A juste raison.

(MAP/Frédéric Didillon)

▲ *Le persil commun, comme la variété 'Persil plat géant d'Italie', est le plus délicatement parfumé : son odeur réveille les papilles et son goût s'accorde avec de nombreux plats.*

(MAP/Arnaud Descat)

▲ *Riche en vitamine C, le persil, ici le persil frisé plus décoratif que le plat, pousse facilement en pots ou au jardin. Les feuilles récoltées fraîches se conservent mieux.*

PAS A PAS

LE SEMIS A LA VOLÉE

C'est la façon la plus habituelle de semer le persil, comme quelques autres plantes, et surtout comme la plupart des fleurs du potager.

1 - Préparez bien le sol, en ôtant notamment toutes les racines de mauvaises herbes ainsi que les cailloux.

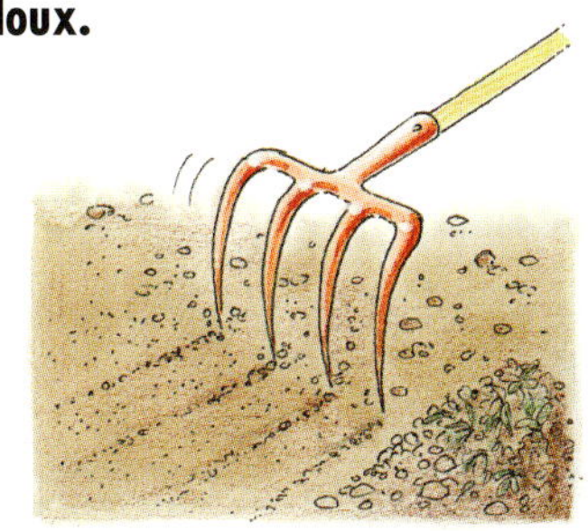

2 - Nivelez ce sol à l'aide d'un râteau après avoir éventuellement brisé les mottes de terre qui restaient.

3 - Semez à la main, en dispersant les graines sur toute la largeur de la planche que vous souhaitez consacrer au persil.

4 - Passez le râteau sur la planche.

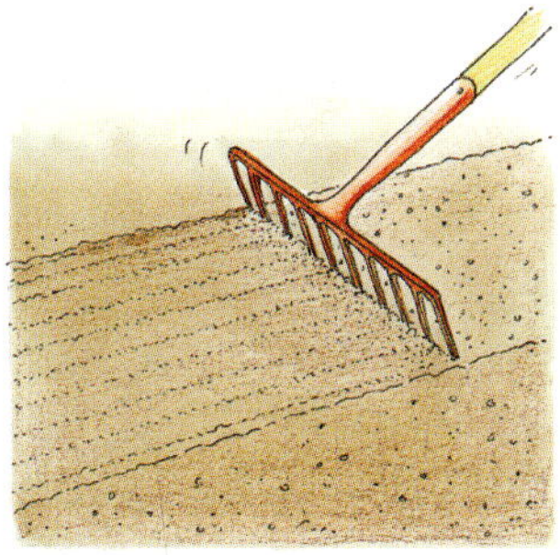

(Illustrations : Steen)

C'est bien le persil aux feuilles plates qui dégage le plus d'arômes et de saveurs. Une troisième variété est, quant à elle, beaucoup moins courante : le persil tubéreux, dont on mange les racines, crues ou cuites, souvent râpées dans une salade.

CONSOMMÉ TOUTE L'ANNÉE

Les graines de persil mettent assez longtemps pour germer, entre quinze jours et un mois. Il est toutefois possible d'accélérer un peu ce délai en trempant les graines dans un peu d'eau douce pendant un ou deux jours avant le semis. Quelle que soit la méthode utilisée, il est cependant très facile de cultiver cette plante condimentaire. Les dates de semis s'étalent de février à août en pleine terre et la récolte se fait d'avril jusqu'au début de l'hiver. Le persil est une plante qui, en fait, peut être consommée toute l'année, parce qu'elle supporte très bien la congélation. Il est par ailleurs tout à fait possible, lorsque l'on ne possède pas de jardin, de faire de petites cultures en pots sur sa terrasse.

Persil	SEMIS	RÉCOLTE	EXPOSITION	ARROSAGE	UTILISATION
	de février à août	d'avril à octobre	moyennement ensoleillée	régulier	pots, bordures

UNE JARDINIÈRE DE BONNES HERBES

Que vous y soyez contraint ou pas, il est toujours agréable d'avoir son persil à portée de main, sur le balcon. Mais pourquoi ne pas l'accompagner d'autres bonnes herbes ? Il se comporte en effet très bien dans une jardinière en compagnie de thym, de romarin, de ciboule, de camomille et de nombreuses autres plantes toutes bonnes dans la cuisine.

DES PÉTUNIAS POUR VOS POTÉES FLEURIES

C'est vraiment la fleur type de l'été. Rares sont les fenêtres ou les terrasses des maisons qui ne sont pas éclairées durant plusieurs mois par ces fleurs lumineuses faciles à cultiver.

Ils partagent la place de roi de nos balcons avec les géraniums. C'est peut-être ce trop grand succès qui fait qu'ils sont parfois décriés, qualifiés de fleurs banales. C'est bien dommage car on peut obtenir de très belles compositions avec les centaines de variétés de pétunias existant sur le marché. Et en plus, ce qui ne gâte rien, la durée de floraison est exceptionnelle.

(MAP/Noun)

▲ *Généreuses dans leurs retombées, les variétés de* Petunia pendula *font merveille placées en hauteur.*

▼ ***Parce qu'ils sont plus robustes et qu'ils fleurissent plus longtemps, vous choisirez de préférence des pétunias hybrides.***

(MAP/Frédéric Didillon)

(MAP/N. et P. Mioulane)

LE SAVIEZ-VOUS ?

Les pétunias sont originaires d'Amérique du Sud, et notamment du Brésil, où ils poussaient à l'état naturel. Il semble que cette plante ait été introduite en France il y a plusieurs siècles et qu'elle ait connu un succès immédiat. Succès d'ailleurs jamais démenti quand on constate le nombre d'hybrides produits par les horticulteurs.

◄ **Petunia grandiflora** ***'Priscir', avec ses grandes fleurs, demande à être planté le plus possible à l'abri de pluies fortes éventuelles.***

consistance à vos plantations. Il en existe avec de grandes fleurs, comme pour les variétés précédentes, ou avec de plus petites mais encore plus florifères. Toutes ont une double corolle et, là aussi, dans une gamme de coloris très variés.
Enfin, dernières espèces que nous vous conseillons, celles de *Petunia pendula*. Idéales pour les paniers et jardinières suspendus.

DE TOUTES LES COULEURS

En pots, en jardinières ou en massifs comme on les voit souvent dans ceux des villes fleuries, le pétunia est une fleur facile à cultiver. Il en existe de toutes les tailles (petites, moyennes, grandes et doubles) et de toutes les couleurs. *Petunia grandiflora*, un genre qui regroupe des plantes à grandes fleurs, comme son nom latin l'indique, est l'un des plus jolis.
Les grands pétales composant des corolles en forme de coupe peuvent être d'une seule couleur ou bien ornés d'une étoile blanche qui met un peu plus les fleurs en valeur.
Les variétés de *grandiflora* présentent un petit inconvénient : du fait de la grande taille de leurs fleurs, elles sont très sensibles aux pluies abondantes. Des averses trop violentes risquent en effet de les endommager. Il est donc recommandé de les protéger des intempéries en les plantant dans des endroits où elles seront le plus possible épargnées. En pots et en jardinières, sur une terrasse abritée, il n'y a en revanche aucun problème de culture.

FLEURS DOUBLES ET EN CASCADES

Pour multiplier les effets de couleurs, vous pouvez également choisir des variétés doubles qui donnent beaucoup de

▼ ***Les hybrides à fleurs doubles avec leur corolle en « tutu » vous offrent un large éventail de coloris des plus vifs au plus doux.***

(MAP/F. Didillon)

(MAP/Frédéric Didillon)

▲ *Très florifères, les pétunias apprécient un sol bien drainé.*

Ces variétés possèdent de grandes fleurs en cascades qui retombent, donnant un effet de volume assez impressionnant.
Reste maintenant à effectuer votre choix auprès d'un grainetier qui propose souvent une multitude de sachets de pétunias. Si la plupart des professionnels vendent les variétés dites classiques, ils commercialisent également des hybrides pour lesquels il vaudra mieux opter, même s'ils coûtent un peu plus cher. Parce qu'ils ont une floraison beaucoup plus fournie et plus longue. Par ailleurs, ils sont souvent plus résistants, certaines obtentions, comme 'Resisto' (à fleurs moyennes), supportant même d'être exposées à la pluie.

	SEMIS	FLORAISON	EXPOSITION	ARROSAGE	UTILISATION
Pétunias	printemps	de juillet à octobre	ensoleillée, à l'abri de la pluie	régulier	pots, jardinières, massifs

PAS A PAS

LES BONNES ÉTAPES

Le pétunia est une plante qui nécessite quelques attentions particulières au moment du semis.

1 - En mars, disposez les graines, sans les enfouir, sur une terrine remplie de terreau de semis.

2 - A l'aide d'une planchette, tassez légèrement le sol après le semis, arrosez en pluie fine et recouvrez d'une vitre.

3 - Environ 2 semaines plus tard, lorsque la germination a bien commencé, vous pouvez retirer la vitre de protection.

4 - Repiquez les plantes en godets individuels lorsqu'elles ont fait quelques feuilles.

5 - Mettez en place définitivement en mai.

(Illustrations : Steen)

CONSEIL

UN LÉGER TUTEURAGE

Si vous avez décidé de cultiver des variétés de pétunias à fleurs doubles dans vos pots et jardinières, soutenez-les un peu. Pour cela, plantez un petit tuteur d'une vingtaine de centimètres de hauteur qui épaulera les tiges chargées de fleurs. Choisissez-le discret, en bambou par exemple ou en matière plastique de couleur verte. Il disparaîtra bientôt derrière la végétation et il jouera un rôle essentiel pour la bonne tenue de vos pétunias.

(MAP/A Descat)

▲ ***Plantés, par exemple, en bordure de massif, les pétunias en souligneront les contours.***

(MAP/Alain Guerrier)

▲ ***Pour la beauté de vos jardins ou jardinières, et la vigueur de la plante, n'oubliez pas de couper régulièrement les fleurs fanées.***

UNE CULTURE ÉLÉMENTAIRE

La culture du pétunia est vraiment très simple à conduire. La plante se reproduit par semis, effectué au tout début du printemps, et même dès la fin février si vous possédez une petite serre. Les graines très fines sont mises sur couche et les plantules sont repiquées une ou deux fois avant d'être mises en place.

Il est bon de leur réserver des endroits ensoleillés et, comme on l'a dit précédemment, à l'abri des pluies, surtout dans les régions fortement arrosées.

Les pétunias, selon les variétés, atteignent des hauteurs comprises entre 20 et 80 cm environ. Sur les terrasses et les balcons, cette fleur sera mise en valeur si vous la cultivez en compagnie d'autres plantes comme le géranium, les tabacs, les impatiens, etc. En massifs, vous pouvez la planter en bordures, par exemple pour souligner une composition.

LE PHŒNIX : L'HÔTE DE CES BALCONS

Si vous rêvez des palmiers-dattiers, n'hésitez pas à cultiver les phœnix. Pour déguster les dattes mieux vaut quand même les acheter chez votre marchand.

Appartenant à la famille des palmiers, les phœnix sont originaires d'Afrique et d'Asie. Ce sont ces arbres qui donnent parfois des fruits excellents à consommer : les dattes.

UN PORT ÉLÉGANT

En culture d'appartement, il ne faut pas vous attendre à faire une récolte, sauf si vous avez plusieurs sujets de sexes différents. Mais ces arbres ont une autre qualité : ils sont très décoratifs et ce seul aspect justifie que l'on en cultive chez soi. L'une des variétés les mieux adaptées est *Phœnix rœbelinii,* qui vient du Sri Lanka. Elle est intéressante par sa dimension puisque sa hauteur n'atteint au maximum que 2 m. Ce qui est tout de même plus facile à loger que l'immense *Phœnix dactylifera,* le véritable palmier-dattier du Sahara dont la taille peut avoisiner 30 m.

LE SAVIEZ-VOUS ?

A mesure qu'il grandit, les feuilles de la base doivent être supprimées parce qu'elles perdent de leur charme. C'est ainsi que l'on obtient des arbustes avec un tronc, appelé stipe, qui s'élève et qui est garni de feuilles au sommet. On remarque bien tout au long de ce tronc les traces des feuilles qu'il a portées.

(MAP/N. et P. Mioulane)

▲ *Les palmes au port érigé de* Phœnix canariensis *donneront une atmosphère exotique à votre décor même si vous les mélangez à d'autres fleurs comme ici des impatiens.*

Phœnix		PLANTATION	EXPOSITION	ARROSAGE	UTILISATION
		au printemps	ensoleillée	régulier	en pots

Les feuilles de *P. rœbelinii* sont très élégantes, d'un vert tendre et font parfois jusqu'à 1 m de long à l'âge adulte. Sa culture est relativement simple, il suffit de le planter dans un pot en terre de 20 cm de diamètre au départ, rempli d'un mélange de terreau et de sable. L'arbuste sera placé près d'une fenêtre mais sans qu'il soit touché par les rayons du soleil. Dès le mois de juin, et pendant tout l'été, il faudra le sortir pour qu'il bénéficie des conditions météorologiques extérieures. Un bon arrosage deux fois par semaine et un apport d'engrais une fois sur deux lui assureront une bonne croissance. Si vous souhaitez multiplier votre phœnix, le meilleur moyen est le bouturage des rejets ou le semis.

COMME SUR LA CROISETTE

Seconde variété qui présente aussi un certain intérêt : *Phœnix canariensis* qui, comme son nom l'indique, est originaire des îles Canaries. C'est ce palmier que l'on rencontre sur la Croisette, à Cannes, ou dans les autres villes de la Côte d'Azur. Planté ainsi à l'extérieur, il atteint 20 m de hauteur mais, en pot, il connaît une croissance très lente. Elle est même quasiment stoppée dès lors que l'on ne lui offre pas un pot trop grand pour son évolution. Et donc, au bout du compte, il convient parfaitement comme arbre ornemental d'intérieur. On le conduit de la même façon que la variété précédente. Si vous

PROPORTIONS DU PHŒNIX

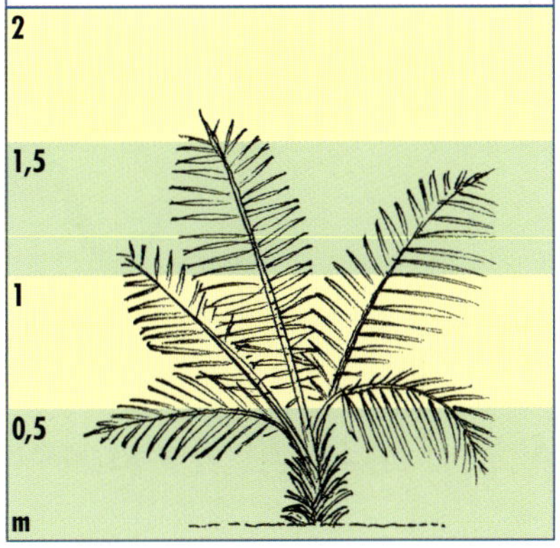

êtes tenté par une culture au jardin, sachez que cet arbre résiste assez bien jusqu'à des températures pouvant descendre jusqu'à – 10 °C, à condition d'être planté dans un endroit où le sol est suffisamment riche, bien drainé et protégé des vents. C'est la raison pour laquelle on le rencontre ailleurs que sur la côte méditerranéenne et notamment sur le littoral atlantique.

▼ *Avec* **Phœnix roebelenii**, *pas de gros souci. Sa culture est facile. Pensez à le sortir sur votre balcon durant la période chaude de l'été.*

(MAP/F. Strauss)

L'EXPANSIF RADERMACHERA

Ce n'est pas un hasard si l'on voit de plus en plus, cette plante en appartement. Elle est assez facile à cultiver et prend rapidement de l'ampleur.

Ce nom aussi compliqué vient tout simplement du nom d'un amateur de plante, un certain M. Radermacher, auquel le botaniste qui a identifié cette plante l'a dédié. On la trouve notamment en Indonésie et en Chine. C'est un arbuste appartenant à la famille des bignoniacées qui regroupe plus de 500 espèces.

DE L'EAU ET DE LA LUMIÈRE

Celle qui a été adaptée pour le climat de nos appartements porte le nom de *Radermachera sinica* (avec pour synonyme, tout aussi compliqué, *Stereospermum sinicum*). Ce qui fait son intérêt, c'est sa croissance très rapide, se transformant de façon magnifique quand il est cultivé dans des conditions idéales.

PROPORTIONS DU RADERMACHERA

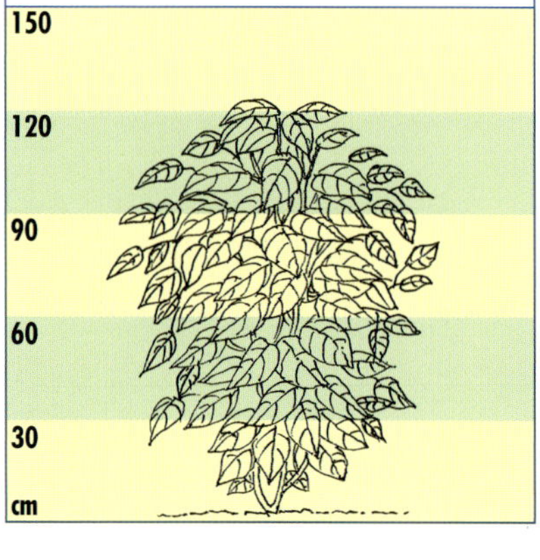

(MAP/N. et P. Mioulane)

▲ *De la lumière, de l'eau et surtout pas de courant d'air, voilà les points essentiels à suivre pour que votre radermachera s'arrondisse joliment.*

Radermachera 	REMPOTAGE	EXPOSITION	TERRE	ARROSAGE	UTILISATION
	avril	soleil indirect	terreau + terre de bruyère	régulier	en pots

Première de ces conditions : lui éviter les courants d'air frais, surtout en hiver. Deuxième condition : l'arroser régulièrement, une sécheresse prolongée lui étant fatale. Troisième condition : lui donner beaucoup de lumière. Cela étant dit, il faut apporter quelques précisions. L'arrosage doit être régulier, c'est-à-dire que la motte ne doit jamais se dessécher, mais la plante ne doit pas baigner dans l'eau. Le mieux est de poser le pot sur une soucoupe remplie de graviers, ce qui permet à l'eau que l'on verse dans le pot de s'écouler sans que la plante ne reste en permanence dans une eau stagnante. Il faut donc arroser deux à trois fois par semaine environ au printemps et en été, et une fois par semaine en hiver. Un apport d'engrais spécial plantes vertes est fortement conseillé en été, deux ou trois fois par mois.

(MAP/F. Strauss)

◄ ***En été, fortifiez-le avec un engrais spécial plusieurs fois durant la saison.***

UN PEU DE TERRE ACIDE

Quant à la lumière, si elle doit être importante, le radermachera ne doit, en revanche jamais être exposé au plein soleil, surtout en été. Vous pouvez toutefois le sortir sur votre terrasse, à cette époque de l'année, sans aucun problème. En hiver, la température de la pièce dans laquelle il sera installé ne doit pas descendre au-dessous de 12-13 °C. Ce genre de plante aimant les terrains légèrement acides, il est bon de le cultiver dans un mélange composé de moitié de bon terreau, d'un quart de terre de bruyère et d'un quart de sable. Au début, et si la plante que vous achetez est jeune, un pot d'une vingtaine de centimètres de diamètre et de profondeur suffira. Mais dès que vous voyez votre radermachera se sentir un peu à l'étroit, il faudra le rempoter dans un contenant plus grand. Un rempotage tous les deux ou trois ans s'avère suffisant. Vous serez certainement ravi d'avoir cette plante à la maison quand vous constaterez la naissance de ses nombreuses feuilles de forme à la fois ovale et lancéolée, d'un très joli vert. Si vous souhaitez la multiplier, pour l'offrir à des amis par exemple, c'est possible et assez facile par bouturage d'avril à août.

DES ROSES EN POTS

En choisissant bien les variétés, vous pourrez en respectant quelques principes simples de prévention et d'entretien couvrir votre terrasse de roses. Vous respirerez alors leur parfum délicat.

Il ne faut pas se leurrer. La plupart des rosiers n'acceptent pas d'être cultivés en pots ou en jardinières. Ils ont en général besoin de beaucoup plus d'espace pour se développer. Reste cependant de nombreuses possibilités pour les jardiniers qui n'ont que leur terrasse pour profiter des fleurs. Même sans jardin, il est possible de respirer le parfum des roses.

UNE CONDUITE PROPRE AU BALCON

Quelques précautions sont à prendre, notamment sur la dimension du pot dans lequel vous allez planter un rosier. Il ne faut pas oublier que ce sont des arbustes dont les racines vont souvent chercher loin dans le sol. Vous opterez donc pour un contenant assez profond, cette profondeur ayant bien plus d'importance que la largeur. La conduite de la culture sera sensiblement différente de celle que vous appliqueriez en pleine terre.

LA TAILLE DES ROSIERS DE TERRASSES

Les tailles d'entretien de ces petits rosiers qui trouvent une place sur votre terrasse sont assez simples à réaliser. Dès que les fleurs sont fanées, vous couperez les tiges, ce qui favorisera la deuxième floraison pour les remontants. A l'automne, il suffit de couper le bois mort. Au début du printemps, une simple taille de mise en forme suffira.

(MAP/F. Strauss)

▲ *La rose peut devenir votre amie même sur un balcon, il suffit de bien choisir la variété et de suivre le mode de culture lié à cette utilisation.*

Habituellement, en effet, les rosiers du jardin ne réclament pas beaucoup d'eau, ce qui n'est pas le cas en pot. Il sera nécessaire d'arroser assez régulièrement, en faisant toutefois attention à ne pas laisser de l'eau stagnante dans le pot. Un tel phénomène pourrait entraîner un pourrissement assez rapide des racines. La solution traditionnelle consiste donc à mettre une soucoupe emplie de galets sous le pot. Ainsi, l'eau dont a besoin le rosier pénétrera dans la terre par capillarité sans être fournie en excès. Quant à la terre à utiliser, il faudra la choisir de bonne qualité, les jardineries proposant des terreaux tout à fait appropriés à la culture des rosiers en pots. Il suffit de leur demander le mieux adapté. Vous n'oublierez pas de faire des apports d'engrais réguliers, surtout avant la floraison, les rosiers ainsi cultivés étant assez « gourmands ». Tous les deux ou trois ans, vous devrez rempoter vos plantes et leur offrir un pot plus grand si leur croissance nécessite un tel changement.

UNE EXPOSITION ENSOLEILLÉE

Autre facteur essentiel à l'obtention de beaux rosiers bien fleuris : l'exposition. Il est indispensable qu'ils reçoivent le soleil. Et si, malheureusement, votre terrasse est exposée au nord, vous n'aurez que peu de chances d'être entouré de roses. Il existe des rosiers appréciant l'ombre mais ce sont pour la plupart des grimpants ou des lianes, évidemment inadaptables en pots. Tout comme en pleine terre, les rosiers de balcons sont susceptibles d'être atteints par diverses maladies. La plus courante est bien évidemment l'oïdium contre laquelle vous pourrez lutter en pulvérisant un fongicide. Mais sachez qu'une plante bien entretenue, c'est-à-dire arrosée, taillée, fertilisée et cultivée dans une bonne terre, est forte.
Parmi les variétés les mieux adaptées à la culture en pots, nous pouvons citer 'Sweet Dream', avec ses fleurs en coupe de couleur abricot légèrement parfumées et son feuillage d'un vert très soutenu. Sa hauteur est d'environ 50 cm. Un petit peu plus grand est 'Pink Posy', une soixantaine de centimètres, avec de très jolies fleurs doubles de couleur rose au parfum envoûtant. 'Anna Ford', plus petit, propose de superbes fleurs orangées en grande quantité. Ces trois rosiers anglais présentent l'avantage supplémentaire d'être remontants.

(MAP/F. Strauss)

▲ ***En pot, le rosier est particulièrement gourmand d'engrais. Vous le servirez donc copieusement avant la floraison. Il doit être aussi bien exposé.***

LA SARRIETTE : ELLE RELÈVE VOS PLATS

Utilisée depuis très longtemps, la sarriette accompagne avec bonheur les plats à base de fèves ou de haricots secs.

Il existe deux types de sarriette : une variété annuelle *(Satureia hortensis)* et une variété vivace *(Satureia montana),* mais elles ont toutes les deux les mêmes propriétés. La vivace a tout de même un parfum un peu plus prononcé. Sur le plan culinaire, notamment, on les utilise de façon identique avec les soupes, les viandes en sauce et pour accompagner leurs légumes de prédilection, les fèves et les haricots. Les cornichons que vous ferez vous-même gagneront en saveur si vous mettez quelques feuilles de sarriette.

UNE EXPOSITION ENSOLEILLÉE

La sarriette est également réputée pour ses vertus médicinales. Elle a en effet la réputation, utilisée en infusions, d'être efficace contre les diarrhées et, surtout, les ballonnements, d'où l'importance de l'adjoindre aux fèves... Les feuilles fraîchement coupées et écrasées servent également pour calmer les piqûres de guêpes et d'abeilles. Un remède bien utile quand on sait que la sarriette, plante mellifère, est abondamment butinée par ces insectes.

(MAP/F. Strauss)

Décorative avec ses tiges érigées et sa silhouette arrondie, la sarriette vivace (S. montana) est la plus parfumée des deux espèces de sarriette.

(MAP/Weef)

▲ ***Plus adaptable, la sarriette des jardins ou sarriette annuelle* (S. hortensis) *réussit bien dans à peu près toutes les régions.***

	SEMIS	RÉCOLTE	EXPOSITION	ARROSAGE	UTILISATION
Sarriette 	avril	à partir de juillet	ensoleillée	faible	coin de jardin, rocailles, pots

Les deux sarriettes peuvent s'obtenir par semis au printemps mais la vivace est bien plus facile à multiplier par division des touffes, à la même époque ou en automne. Elle demande à être rabattue à environ 10 cm du sol en début de printemps. Ainsi, elle vivra sans trop de difficultés pendant trois ou quatre ans. Sachez toutefois que *Satureia montana* est plus délicate que sa cousine annuelle et que vous la réussirez bien mieux dans les régions chaudes que dans celles au climat plus froid. Quel que soit le type que vous retiendrez, il faudra, de toute façon, le cultiver à un endroit ensoleillé, dans un sol léger mais riche.

LES FEUILLES SÉCHÉES

Les graines ne doivent être recouvertes que d'une fine couche de terre, un simple tamisage et un tassement avec le dos du râteau suffisant.
La récolte se fait en juillet, juste avant l'apparition de très jolies petites fleurs roses, période où la plante dégage

PROPORTIONS DE LA SARRIETTE

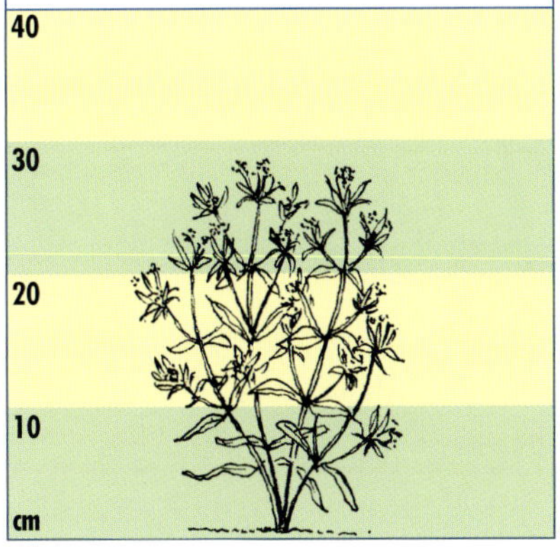

un maximum d'arômes. Si la saison est bonne, le fait de couper la plante à ras du sol permettra souvent une deuxième récolte. La sarriette sera meilleure si elle est consommée fraîche. Cependant, on peut très bien se servir de ses feuilles séchées. Pour les obtenir, on coupe la plante entière que l'on fait sécher dans un endroit sec et aéré et, ensuite, on sépare les feuilles des tiges que l'on jette.
Vous pourrez également cultiver la sarriette annuelle en pot, sur une fenêtre.
Il faudra veiller à bien arroser pendant toute la période de croissance. Ensuite, quand la plante aura atteint sa maturité, elle ne sera plus aussi exigeante en matière d'arrosage.

LE SAVIEZ-VOUS ?

UN PEU D'HISTOIRE

En Italie, la sarriette est utilisée depuis l'Antiquité. Poussant naturellement sur les côtes méditerranéennes, elle entrait déjà à cette époque dans les préparations culinaires et médicinales. Il semble que ce soit les moines qui l'aient rapportée de leurs voyages au Moyen Âge. Sans y voir aucun rapport, on prêtait à la sarriette des vertus aphrodisiaques, d'où son nom tiré du mot latin *satyrus*, satyre.

LE SEDUM, PLANTE CONCILIANTE

Peu exigeant, le sedum est recommandé aux jardiniers qui n'ont pas vraiment le temps de s'occuper de leurs plantes.

Regroupant plus de 500 variétés, le genre *Sedum* est très souvent utilisé comme plante de rocaille pour l'extérieur. Mais plusieurs spécimens se comportent très bien en pots et trouvent leur place sans aucun problème à la maison ou sur la terrasse.

IL ADORE LE SOLEIL

Originaire de plusieurs régions du monde, notamment de Bolivie, du Mexique, d'Afrique mais aussi d'Europe, le sedum, appelé aussi orpin, fait partie de ces plantes dites faciles à cultiver. Tout simplement parce qu'il n'est pas tellement exigeant sur les conditions de sa culture. Il se contente d'un bon mélange de terreau, de terre de jardin et de sable. Vous le cultiverez dans un pot de 15 à 20 cm de diamètre et de hauteur.

LE SAVIEZ-VOUS ?

PLANTE MÉDICINALE

Plusieurs variétés de sedums, notamment l'orpin blanc, ont longtemps été utilisées comme plantes médicinales. Elles avaient la vertu de calmer un certain nombre de douleurs, comme celles provoquées par les brûlures et les cors au pied.

A (MAP/F. Strauss)

▲ *Les inflorescences de* Sedum spectabile *s'épanouiront à l'automne.*

B (MAP/N. et P. Mioulane)

▲ Sedum aizoon *est une espèce à port dressé dont les inflorescences jaunes forment des disques de 5 à 7 cm de diamètre.*

Sachez aussi que le sedum aime le soleil et doit donc être exposé le mieux possible dans la maison. Dès les premiers beaux jours, c'est-à-dire quand les gelées matinales ne seront plus à craindre, vous sortirez votre plante et ne la rentrerez qu'à l'automne.

HIVER AU RÉGIME SEC !

Le sedum aime bien l'eau, mais en quantités réduites. D'ailleurs, il vaut mieux oublier qu'en mettre trop : cette plante ne supporte pas, en effet, d'avoir les pieds dans l'eau en permanence. Si tel était le cas, ses racines pourriraient inévitablement. En fait, c'est le seul mal qui peut lui être fatal, avec l'attaque de pucerons non traitée. Certaines variétés ont la fâcheuse manie d'attirer ces insectes dont on vient à bout très facilement si l'on s'en aperçoit suffisamment tôt. En hiver, le sedum doit tout bonnement être mis au régime sec. Plus une seule goutte d'eau pendant toute la saison froide !
Vous recommencerez à l'arroser fin février, d'abord une fois par mois, puis deux fois en avril et, ensuite, une fois ou deux par semaine suffiront amplement.

FACILE A MULTIPLIER

Si vous appréciez cette plante et que vous souhaitez la multiplier, là non plus, pas de problème : il vous suffit, au printemps, de couper l'extrémité de jeunes rameaux et de les planter dans le même mélange que la plante mère. Nous vous conseillons d'ailleurs de cultiver plusieurs plantes de cette espèce, en jouant sur les différentes variétés que l'on trouve facilement. Elles se différencient par leur taille, la forme de leurs feuilles et la couleur de leurs fleurs. Parmi les variétés les plus courantes et les plus belles, on peut citer : *Sedum aizoon,* haut d'une trentaine de centimètres, qui donne de jolies fleurs jaunes en été ; *Sedum spectabile,* l'une des plus connues, avec ses feuilles qui garnissent toute la tige et ses fleurs roses qui apparaissent en début d'automne ; *Sedum morganianum,* dont les tiges peuvent atteindre 50 cm de longueur est à cultiver dans un pot suspendu en raison de la nature rampante de sa végétation.

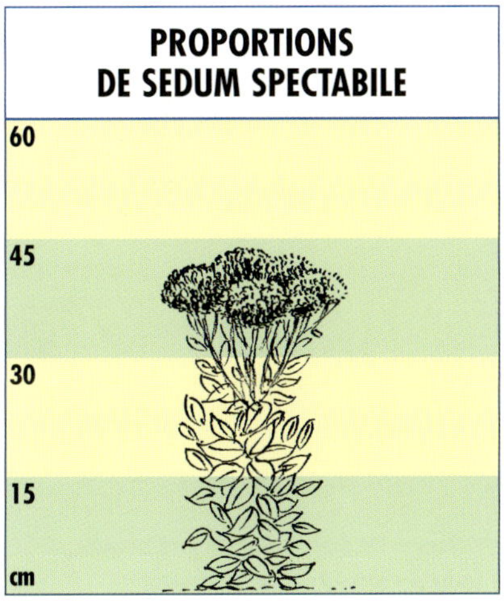

▼ *Avec ses belles tiges retombantes,* Sedum morganianum *se cultive en pot suspendu.*

C (Délu)

UNE ODEUR DE TABAC QUI NE SE FUME PAS

Les tabacs que nous vous proposons de cultiver comme plantes ornementales exhalent un doux parfum qui n'a pas grand-chose à voir avec l'odeur de la pipe ou celle de la cigarette.

Que les non-fumeurs se rassurent : même s'il fait partie de la famille, on ne peut pas cultiver de tabac à fumer avec ces plantes. On l'obtient avec *Nicotiania tabacum,* une variété très protégée qui n'est pas en vente libre et dont la culture est sévèrement réglementée par l'État.

PARFUM DU SOIR

Nous nous contenterons donc ici des variétés tout à fait légales, celles que l'on trouve chez son pépiniériste préféré. La plus connue est *Nicotiania alata,* avec ses petites fleurs à cinq pétales en forme d'étoiles, de couleurs variées et dégageant un agréable parfum. Ses feuilles et ses tiges sont collantes. Cette plante peut atteindre près d'un mètre de hauteur.

LE SAVIEZ-VOUS ?

C'est Christophe Colomb qui a découvert le tabac à Cuba. Il a été importé en France au XVIe siècle par André Thevet, mais c'est Jean Nicot qui l'a vraiment répandu, en s'en servant d'abord comme plante médicinale, notamment pour soigner les migraines de Catherine de Médicis. Les premières plantations en France datent de 1637, dans le Lot-et-Garonne.

(MAP/Y. Monel)

▲ *Très décorative, l'espèce* Nicotiania sylvestris *fleurit de bouquets de clochettes, peut atteindre près de 2 m de hauteur et s'adapte bien à l'intérieur de la maison.*

Nicotiania sylvestris est une autre variété souvent cultivée comme plante décorative en pot et en jardinière. Plus grande que la précédente, pouvant atteindre le double de hauteur, ses fleurs en ombelles dégagent aussi un parfum agréable que l'on sent en général à la tombée de la nuit.

DU TERREAU ET DU SOLEIL

Cultivés dans un bon terreau, les tabacs donneront toute satisfaction à condition d'être bien exposés au soleil et, surtout, de bénéficier d'un arrosage régulier. L'apport d'eau, et occasionnellement d'engrais, est vraiment la condition essentielle pour avoir de belles plantes vigoureuses. Il est très facile d'obtenir les tabacs par semis en serre ou sous cloche en février-mars. Trois ou quatre semaines plus tard, il faut repiquer les petits plants en pots de tourbe et on les mettra en place lorsqu'ils auront acquis une force suffisante. On choisira un grand pot dans lequel on pourra mettre deux pieds de tabac, ou bien une jardinière qui contiendra quatre ou cinq pieds.

Tabac 	SEMIS	FLORAISON	EXPOSITION	ARROSAGE	UTILISATION
	février-mars	de juin à septembre	lumineuse	régulier	pots, jardinières

(MAPIN et P. Mioulane)

ATTENTION AUX PUCERONS !

Nicotiania sylvestris ainsi cultivé donnera une impression de verdure incroyable avec, en plus, comme on l'a déjà écrit, ce parfum inimitable. Pour avoir des plantes avec un joli port, bien épais, il faut pincer régulièrement les jeunes pousses et contraindre ainsi la plante à ramifier. En dehors de l'attention courante que l'on doit apporter à ce type de plante, il sera important de surveiller l'éventuelle apparition de pucerons qui adorent le tabac. Dès que vous en verrez apparaître, n'hésitez pas à traiter, sinon la colonie risquerait de s'agrandir dangereusement. Cette idée de cultiver les tabacs comme plantes d'ornement pour la maison ne doit pas vous empêcher de les planter dans les massifs et bordures de votre jardin. Elles sont avant tout des plantes d'extérieur mais nous estimons qu'il serait dommage de ne pas en profiter à l'intérieur.

◄ ***Le tabac peut être prisé autrement ! Par exemple, pour les belles fleurs étoilées de la variété* Nicotiania alata, *forme la plus couramment disponible chez les grainetiers.***

VIVE LA VERVEINE ODORANTE !

Délicieuse en tisane, la verveine odorante est une plante qui pousse facilement. Réservez-lui une place dans votre carré condimentaire ou dans un pot.

Dans la panoplie des tisanes, elle tient sans aucun doute la première place. La verveine odorante, encore appelée verveine citronnelle, qui doit son nom au latin *verbena,* est en fait d'origine chilienne. Mais nos lointains ancêtres connaissaient bien sa cousine, la verveine officinale à laquelle on prêtait de nombreuses vertus, et qui pousse de façon spontanée dans nos campagnes. Baptisée *Aloysia triphylla* ou *Lippia citriodora,* selon les botanistes, la verveine odorante a conquis nos jardins au XVIIIe siècle.

UN ASPECT BUISSONNANT

Cette plante aromatique est un arbuste buissonnant qui peut, si on ne le taille pas, dépasser les 2 m de haut.

LE SAVIEZ-VOUS ?

Cousine de la verveine odorante, on trouve la verveine officinale le long des routes, dans les pâtures ou les terrains incultes. Les druides de la Gaule utilisaient une infusion de ses fleurs pour purifier leurs autels. Les Romains lui prêtaient par ailleurs des vertus aphrodisiaques. Les botanistes ont obtenu, par croisement, de nombreuses espèces décoratives, cultivées généralement en pots.

A (MAP/F. Strauss)

▲ *Les feuilles de la verveine citronnelle, ou verveine odorante, d'un beau vert lumineux dégagent une forte odeur de citron lorsqu'on les froisse.*

C (Délu)

▲ ***A côté de la verveine odorante et de la verveine officinale, il existe de nombreuses espèces décoratives.***

Verveine odorante

SEMIS	RÉCOLTE	EXPOSITION	ARROSAGE	UTILISATION
mai	de juin à novembre	ensoleillée	moyen	pots, carré condimentaire

Ses feuilles caduques, de forme allongée, couleur vert cru, expriment, lorsqu'on les froisse, un délicieux parfum de citron et, en été, vous aurez le plaisir de découvrir ses petites grappes de fleurs blanches ou mauves. Ses qualités aromatiques exceptionnelles sont largement utilisées dans l'industrie cosmétique et elle entre aussi dans la composition d'excellentes liqueurs.
La verveine aime les sols riches et demande un emplacement abrité du vent et ensoleillé. Elle prospérera sans problème au pied d'un mur de votre jardin, à condition de penser à une protection hivernale, comme le paillage, indispensable à sa survie pendant les gelées.
Vous pouvez semer des graines au printemps, mais vous trouverez sans problème des plants déjà venus dans votre jardinerie. Vous les transplanterez au début du mois de mai et vous arroserez bien pour favoriser la reprise.
Au printemps ou en automne, vous pourrez aussi prélever des rameaux et les planter dans un bon terreau avant de les repiquer. Ultérieurement, pour qu'elle prenne un bel aspect buissonnant, la verveine doit être taillée régulièrement.

PROPORTIONS DE LA VERVEINE ODORANTE

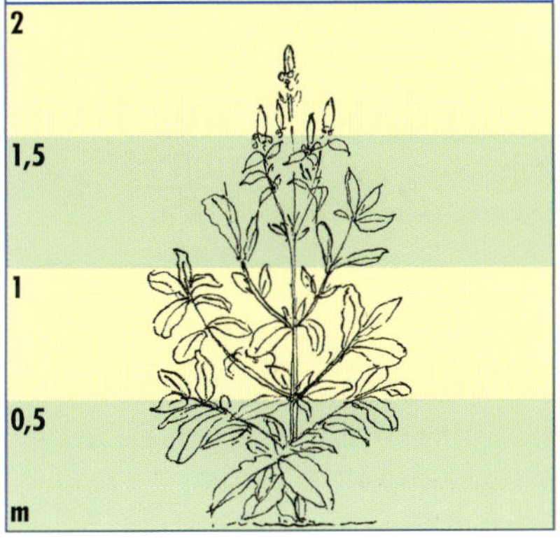

CONSERVER LES FEUILLES SÉCHÉES

Vous pourrez également la cultiver en pot, mais il faudra la rentrer en hiver. Vous la planterez pour ses feuilles fraîches ou séchées qui, selon le cas, feront de très bonnes tisanes ou parfumeront agréablement vos plats, ainsi que vos bouteilles d'huile d'olive ou même de vinaigre.
La verveine odorante est aussi une plante médicinale. Légèrement sédative, elle soulage les congestions nasales et facilite la digestion. Toutefois, il ne faut pas en abuser car elle peut entraîner des irritations de la paroi stomacale. Que vous décidiez de la planter en massif, en rocaille, à la maison en pot suspendu ou en jardinière, la verveine fera votre bonheur.

▼ ***Ses feuilles, fraîches ou séchées, feront de bonnes tisanes ; elles parfumeront aussi vinaigre ou huile d'olive.***

B (Délu)

LE YUCCA, C'EST FACILE

Cette plante originaire du Guatemala est idéale pour s'exercer au bouturage. Quand vous aurez réussi votre première multiplication de yuccas, vous aurez envie d'en faire d'autres.

Le yucca est une plante que l'on rencontre dans de nombreux intérieurs. Ce qui n'est guère étonnant, car il est d'un entretien très limité et pousse vraiment sans grandes difficultés.
Il se caractérise par un tronc rugueux portant des touffes de feuilles sur toute sa longueur. Petit à petit, les feuilles inférieures se détachent de la tige principale tandis que celles du sommet se développent, donnant au yucca cet aspect qu'on lui connaît bien. Pour éviter d'avoir une plante à la tige dénudée, il est conseillé de planter dans le même pot plusieurs yuccas d'âges différents. Ainsi, les plus jeunes cacheront avec leurs feuilles le tronc nu des plus vieux.

(MAP/F. Didillon)

▲ *Le soleil est nécessaire à sa croissance et à son équilibre.*

CONSEILS

En plus de l'humidité qu'il faut préserver dans le pot, le yucca a besoin d'air. Si ces deux conditions sont réunies, votre plante ne demandera pas grand-chose d'autre. Il est ainsi quasiment inutile de laver les feuilles, comme on doit le faire avec de nombreuses autres plantes d'intérieur. En hiver, il est conseillé de ne pas trop chauffer la pièce où sera rentré votre yucca. Il préfère un endroit frais, mais la température, cependant, ne doit pas descendre au-dessous de 10 °C.

BEAUCOUP DE SOLEIL

La variété la plus fréquente est *Yucca elephantipes*, avec ses feuilles très pointues mais souples. *Yucca aloifolia* est une autre variété aux feuilles étroites et légèrement dentelées. Toutes les deux apprécient les situations ensoleillées, spécialement devant une fenêtre exposée au sud. Pendant toute sa période de croissance, le soleil est un élément déterminant du bon développement de la plante. Celle-ci réclame néanmoins un peu de fraîcheur pendant la nuit, ce qui explique que l'on puisse mettre le yucca dehors tout au long des beaux jours de l'été. Il appréciera en plus d'être bien arrosé pendant cette période, l'idéal étant de le faire deux ou trois fois par semaine. En automne et en hiver, en revanche, il faudra réduire ce rythme en se contentant d'humidifier la terre. Un apport d'engrais n'est pas indispensable ; si vous souhaitez le faire tout de même, ce devra être en quantité infime.

REMPOTAGE ET MULTIPLICATION

Tous les deux ou trois ans, il est important de procéder au rempotage de votre yucca

▼ *Les yuccas vivant en pleine terre connaissent de très belles floraisons.*

(MAP/ F. Didillon)

PAS A PAS

LE BOUTURAGE

Il est très facile de multiplier vos plants de yucca en utilisant la technique du bouturage. Les racines prennent en général en moins de deux mois.

1 - Coupez un rejet qui pousse sur le pied avec un cutter ou un couteau bien aiguisé. Il faut que ce rejet ait au moins quatre ou cinq feuilles. Prenez soin de fermer la cicatrice du tronc avec un mastic spécial.

2 - Plantez-le dans un pot contenant un mélange de terre, de terreau et de sable, par exemple celui qui contient la plante mère.

3 - Placez la bouture à un endroit bien ensoleillé, si possible devant une fenêtre exposée au sud.

4 - En moins de deux mois, les racines ont pris. Les feuilles de ce nouveau yucca cacheront bientôt la tige de la plante mère.

(Illustrations : Steen)

pour permettre à ses racines de se développer. C'est une opération à mener au printemps, en utilisant de la terre de jardin mélangée à du terreau et à du sable.

Vous pouvez aisément multiplier vos plantations en effectuant des bouturages des rejets qui ont poussé sur le pied. C'est à ce moment, par exemple, que vous pouvez planter un jeune yucca juste à côté de l'ancien, avec les conséquences esthétiques que l'on a décrites un peu plus haut.

Le yucca peut être sensible à deux types de parasites. D'abord la cochenille, qui absorbe la sève. Si vous vous apercevez de cette attaque avant que les dégâts ne soient trop importants, il suffit de nettoyer les feuilles avec un peu d'alcool à 90°. Si la colonie d'insectes a déjà commencé à s'étendre, il est bon d'employer un insecticide adapté. L'autre danger du yucca est la moisissure grise. Il faut absolument arracher toutes les feuilles touchées et pulvériser ensuite un fongicide.

Index

Fleurs, plantes et arbustes.................. 105